AF567344

EVA-MARIA BAST | ELENA DE F. OLIVEIRA | KERSTIN HOHLFELD

Erfurter Geheimnisse

SPANNENDES AUS DER MITTE DEUTSCHLANDS
MIT KENNERN DER STADTGESCHICHTE

Bast, Eva-Maria; de F. Oliveira, Elena; Hohlfeld, Kerstin
Erfurter Geheimnisse – Spannendes aus der Mitte Deutschlands mit Kennern der Stadtgeschichte

THÜRINGER ALLGEMEINE in Kooperation mit:
Bast Medien GmbH, Münsterstr. 35, 88662 Überlingen (verantwortlich)
1. Auflage 2018
ISBN: 978-3-946581-49-9

Herausgeberin: Eva-Maria Bast
Ressortleitung: Heike Thissen
Bildredaktion: Magdalena Stoll
Lektorat: Sabine Wagner
Covergestaltung: Jarina Binnig, Cornelia Müller, Melanie Kunze
Layout: Homebase – Kommunikation & Design, Jarina Binnig
Grafik: Maps4News & HERE (Karte)
Satz: Melanie Kunze
Druck: Mohn Media Mohndruck GmbH

Ein Titel aus der preisgekrönten Buchreihe *Geheimnisse der Heimat*

Inhalt

Vorwort

Erfurter Geheimnisse? Im Grunde genommen ist die Stadt an sich schon ein einziges Geheimnis. Immer wieder höre ich Menschen, die Erfurt erstmals besuchen, verwundert ausrufen: Was für eine Stadt! Und wenn sie Abschied nehmen, versichern sie voller Inbrunst: Wir kommen wieder! Manche bleiben gleich da und gehen nie wieder weg, als würden sie von unsichtbaren Sirenen gehalten. Die Aura Erfurts wirkt natürlich auch auf die eigenen Einwohner, die viele Stunden im Jahr ein Dauerlächeln auf den Lippen tragen.

Woher kommt das? Die Antwort ist einfach: Wer durch diese Stadt schlendert, wird von ihren Gassen und Häusern, ihrem sanft fließenden Fluss und ihren verwunschenen Ecken und dem regen Sozialleben auf den Plätzen schlichtweg verzaubert.

Diesem Zauber spüren die Autorinnen Eva-Maria Bast, Kerstin Hohlfeld und Elena de Figueiredo Oliveira nach und bewegen sich durch die Stadt wie Alice im Wunderland. Dabei stoßen sie auf eine Vielzahl von Geheimnissen ...

Manchmal strömt so ein Zauber aus einer kleinen, kunstvoll verzierten, wenn auch stark verwitterten Nische am Dom. Weitgehend unbeachtet fristet sie hoch oben auf dem Plateau zwischen dem Dom und der Kirche St. Severi ihr Dasein. Ihre Bedeutsamkeit verhält sich jedoch in einem umgekehrten Verhältnis zu ihrer Unscheinbarkeit: Es ist ein Punkt zwischen zwei Welten, zwischen

der sakralen und der profanen Welt. Sie wissen nicht, was ich meine? Denken Sie an das Gleis 9 ¾, das Harry Potter und seine Freunde für ihren Übergang in eine andere Welt nutzen.
Neugierig? Dabei ist das nur eine von vielen wunderschönen Geschichten aus diesem Buch, die allesamt eine Besonderheit haben: Die geheimnisvollen Orte lassen sich aufspüren, anfassen, erleben. Neben den großartigen Dingen, die Erfurt sowieso schon bietet, die kaum zu übersehen sind und die jeder Reiseführer beschreibt – die Altstadt, die Krämerbrücke, der Dom, der Egapark und vieles mehr – gibt es eben noch diese unzähligen Dinge, die selbst von Einheimischen noch gar nicht entdeckt wurden. Wenn aber dann jemand ein Auge auf sie richtet, entwickeln sie unfassbare Strahlkraft. Und sie verzaubern uns.
Das vorliegende Buch ist eingebettet in eine ganze Buchreihe, der Eva-Maria Bast den Namen „Geheimnisse der Heimat" gab. Dass die Thüringer Allgemeine bei einem Heimatbuch über Erfurt mit im Boot sitzt, bietet sich natürlich an: Hinter all unserem journalistischen Tun steckt der Gedanke, dass wir unsere Kraft für die Region einsetzen, für die Städte und Dörfer, in denen wir mit unseren Lesern leben. Heimat ist etwas, was Vergangenes und Künftiges verbindet, und ohne die Entdeckung und Wiederentdeckung des Vergangenen wäre ein vernünftiges Morgen gar nicht recht denkbar.
Ich wünsche Ihnen, liebe Leserinnen und Leser, eine schöne Zeit mit diesem Buch. Stecken Sie es in ihre Tasche und folgen Sie den Spuren. Sie werden Dinge entdecken, die den Zauber, den Erfurt auf Sie ausübt, noch einmal deutlich steigern. Viel Spaß!

Herzlichst, Ihr

J. M. Fischer

Johannes M. Fischer
Chefredakteur Thüringer Allgemeine

Die Autorinnen

Eva-Maria Bast, Jahrgang 1978, ist Geschäftsführerin der Bast Medien GmbH. Sie initiierte und schreibt die Buchreihe *Geheimnisse der Heimat*, die 2011 startete, rasch zu einem regionalen Bestseller wurde und die 2018 in 53 Bänden vorliegt. Sie wurde für ihre Arbeit mehrfach ausgezeichnet, unter anderem erhielt sie für die *Geheimnisse* den Deutschen Lokaljournalistenpreis der Konrad-Adenauer-Stiftung. Eva-Maria Bast ist Gastdozentin an der Hochschule der Medien in Stuttgart und lebt am Bodensee.

Elena de F. Oliveira, Jahrgang 1988, wuchs im nordhessischen Bad Wildungen auf und studierte in Konstanz Literatur-, Kunst- und Medienwissenschaften. Nach einem Jahr als Redaktionsassistentin in Karlsruhe zog es sie zurück an den Bodensee, wo sie seit 2017 bei Bast Medien volontiert. Neben ihrer Tätigkeit als Autorin für die *Geheimnisse* und den Südkurier arbeitet sie dank ihrem Faible für Rechtschreibung im Lektorat mit.

Kerstin Hohlfeld wurde in Magdeburg geboren, studierte Theologie in Naumburg und Berlin, verließ die Hauptstadt kurz vor dem Mauerfall, um kurz danach zurückzukehren und in verschiedenen Berufen, unter anderem als Autorin zu arbeiten. Sie engagiert sich für Tier- und Umweltschutz, radelt, wandert und reist leidenschaftlich gern. Erfurts Reichtum an Geschichte und Geschichten hat sie begeistert und vom ersten Moment an für sich eingenommen. Sie ist Mutter von drei erwachsenen Kindern.

Mühlstein im Baum

Als Erfurt eine Schmalzgrube war

Die große Esche auf der Grünfläche in der Nähe der Kreuzung Wilhelm-Külz-Straße/Walkmühlstraße ist nicht zu übersehen, aber was sie in ihrem Innern verborgen hält, ist wahrhaft geheimnisvoll. Und man muss ganz genau hinsehen, um nicht des Pudels, sondern in diesem Fall des Baumes Kern zu entdecken – einen Mühlstein. Wer sich hier wen ausgesucht hat, ist nicht ganz klar. Der Mühlstein den Baum? Der Baum den Mühlstein? Auf jeden Fall sind die beiden eine Verbindung eingegangen, die ihresgleichen sucht.

Regisseur und Stadtführer Reinhard Schwalbe kennt das verborgene Geheimnis des Baumes, und er weiß auch, was es mit der Erfurter Geschichte zu tun hat. „Luther hat über die Stadt gesagt: ‚Erfurt liegt am besten Orte, ist eine Schmalzgrube. Da müßte eine Stadt stehen, wenn sie gleich *wegbrennete*'", erzählt er und führt aus: „Der Satz bedeutet wohl, die Stadt würde wegen dieser Lage am besten Orte bestehen bleiben, auch wenn sie *wegbrennete*, was tatsächlich mehrfach geschah. Und *Schmalzgrube* ist zu Luthers Zeiten ein Synonym für Reichtum." Damit eine Stadt so beeindruckend und reich werden konnte, mussten viele Faktoren zusammenkommen. „In Erfurt war das natürlich die Lage am Kreuzungspunkt zweier großer mittelalterlicher Fernhandelsstraßen, uralte Handelsrechte und Privilegien, wie das Stapelrecht, aber auch die Entwicklung der Stadt zum bedeutenden geistlichen und geistigen Zentrum, Zielpunkt großer Wallfahrten und stolze Patronin einer hochrenommierten städtischen Universität. Und dazu die Lage am Wasser, denn ohne Wasser geht nichts", führt Schwalbe aus. Wasser zum Trinken, Wasser für religiöse und rituelle Zwecke, Wasser zum Löschen von Bränden (damit die Stadt nicht „wegbrennete"), zum Ableiten der Abwässer und nicht zuletzt Wasser zum Betreiben von Mühlen. „Erfurt ist von mehreren Flüssen durchströmt, und vom

Reinhard Schwalbe weiß, dass der Baum einen Mühlstein verschluckt hat.

Thüringer Wald her fällt das Wasser sozusagen in die Stadt herein“, erklärt Schwalbe. „Wobei man sagen muss, dass die Gera, die der Erfurter gern als Fluss bezeichnet, eher ein breit gelaufener Bach ist und der sogenannte Breitstrom an der Krämerbrücke auch nicht gerade gewaltige Ausmaße hat, man möchte ja bei *Strom* an Donau oder Rhein denken. Aber Erfurt hatte immer genug Wasser.“ Erfurts Wasserqualität sei heute hervorragend, betont der Stadtführer, was sich auch im Fischreichtum niederschlägt, mitten in der Stadt tummeln sich Forellen und Äschen.

Doch zurück zu den Mühlen. „Bis zu 60 Stück soll es davon im Stadtgebiet gegeben haben“, weiß Schwalbe. Diverse Straßennamen und sogar ein ganzes Mühlenviertel im nördlichen Stadtgebiet weisen auf diese alte Tradition hin. „Man hat an der Krämerbrücke den Fluss sogar umgebaut, in die Mitte des Breitstromes einen Damm gesetzt, dem Fluss auf diese Weise einen Teil seiner Breite genommen. Das hat den Wasserdruck erhöht.“ Und damit sozusagen Wasser auf die Mühlen gebracht.

„Die Müller waren technisch hoch spezialisierte Fachleute“, erzählt der Stadtführer weiter. „Wer sich mal das Mühlenmuseum an der Schlösserbrücke oder die Heiliggeistmühle in Ilversgehoven ansieht, der bekommt ganz große Hochachtung vor diesem Berufsstand.“

In der Kunst des Mahlens steckt viel uraltes Handwerkswissen. Schwalbe zählt einiges davon auf: „Das fängt mit der Auswahl der Steine an, die sich gegeneinander drehen, wobei der Abstand stimmen und immer wieder angeglichen werden muss, angepasst auf das jeweilige Mahlgut. Es war ein Beruf, bei dem man nie auslernte, deshalb musste der Müller auf Wanderschaft gehen, wie es in dem alten Lied so schön heißt.“

Nicht nur die Anzahl der Mühlen, auch die Bandbreite ihrer Nutzung war stattlich. „Da gab es zum einen die Walkmühlen, die waren am sogenannten Walkstrom gelegen“, erklärt Schwalbe. „Man brauchte sie, um Leder zu gerben und um Tuche zu bearbeiten. Es gab Ölmühlen, Waidmühlen, Sägemühlen, um nur einige zu nennen, und wohl sogar eine Pulvermühle, was technisch besonders herausfordernd war, denn das Schießpulver durfte einerseits nicht nass, andererseits nicht durch Hitze, die beim Mahlen entsteht, zur Explosion gebracht werden." Reibung erzeugt Wärme, auch bei Kornmühlen: „Da konnte eine Mühle durchaus in die Luft fliegen."

Die Mühlen verloren mit der Industrialisierung ihre Bedeutung, die vielen Mühlgräben wurden zugeschüttet. Alte Straßennamen und sichtbare Spuren dieses Handwerks in der Innenstadt erinnern jedoch an sie und machen heute einen Teil des Reizes des Zentrums aus. Die im Stadtbild häufiger sichtbaren Mühlsteine tragen genauso dazu bei wie in alten Kornspeichern befindliche Wohnungen und Gastronomie in ehemaligen Mühlengebäuden.

„Die Müller waren technisch hoch spezialisierte Fachleute."

„Erfurt ist eine entschleunigte Stadt", resümiert Schwalbe. „Und das hängt auch damit zusammen, dass hier viel historisches Erbe erhalten geblieben ist und eine Allianz mit dem neuen bildet."

Auch Mühlstein und Baum bilden eine Allianz. Mag der Mühlstein längst nicht mehr gebraucht werden, so gibt er doch ein schönes Sinnbild ab: Er ist mit dem Baum verwachsen wie Erfurt mit seinem historischen Erbe. Und das verleiht der Stadt ihren ganz besonderen Charme, auch wenn wir heute den Beinamen „Schmalzgrube" etwas weniger schmeichelhaft finden als weiland Luther.

Kerstin Hohlfeld

So geht's zum Mühlstein im Baum:

Der eingewachsene Mühlstein befindet sich auf der Grünfläche an der Ecke Wilhelm-Külz-Straße/Walkmühlstraße.

02

Kurvenstein

Buntes Treiben in engen Gassen

Wenn heute jemand die Kurve kratzt, tut er das in voller Absicht: Er geht – und das zügig. Und vor allem: ohne einen Stein zu beschädigen. Wer im Mittelalter die Kurve kratzte, tat dies aber unabsichtlich – und meistens musste ein Stein darunter leiden. In Erfurt gibt es viele Stellen, an denen sich der Ursprung der Redewendung „die Kurve kratzen" bestens nachvollziehen lässt. Inge Nymbach kennt etliche dieser Steine. „Wenn man sie einmal bemerkt hat und ihre Geschichte kennt, fallen sie einem überall auf", sagt die Stadtkennerin und fährt fort: „Steine wie diese wurden angebracht, damit die Fuhrwerke mit ihren herausragenden Deichseln die Häuser nicht beschädigten, wenn sie um die Kurve fuhren."

Denn die Straßen waren eng, meistens auch noch krumm und die Fuhrwerke wenig wendig. Und Fuhrwerke gab es jede Menge in der Stadt: Kaufleute aus Nah und Fern versuchten, gute Geschäfte zu machen, Waidbauern lenkten die Wagen mit der Ernte in die Hofeinfahrten. Auch ansonsten war viel los: Bürger gingen ihrer Wege, Bauern trieben ihr Vieh zum Markt, Hunde, Schweine und andere Tiere rannten durch die unbefestigten Gassen, an allen Ecken und Enden lag Müll herum, wurden die Nachttöpfe morgens auf der Straße entleert. „Der rege Verkehr auf den Plätzen, in den Straßen und Gassen der Stadt ergab sich aus seiner Jahrhunderte währenden Rolle einer Handelsmetropole", schreibt Gerhard Herz in seinem Aufsatz *Steine des Anstoßes*. Und weiter: „Mit der Lage Erfurts am Kreuzungspunkt der bedeutenden Via Regia mit der Nürnberger Geleitstraße und der Böhmischen Straße sowie weiteren Handelswegen in das Umland war Erfurt Umschlagplatz für Waren des Fernhandels und regionaler Marktort."

Kein Wunder also, dass so manche Häuserecke in Mitleidenschaft gezogen wurde, wenn wieder einmal zwei Fuhrwerke nur

Inge Nymbach kratzt mit ihrem Fuß buchstäblich die Kurve.

haarscharf aneinander vorbei passten und die Fahrer die Breite des Weges ausnutzen mussten. Die Bewohner der Häuser, deren Ecken derart von den Wägen drangsaliert wurden, befanden sich dadurch mitunter in Lebensgefahr. Denn es handelte sich oft um Fachwerkhäuser, die aus einfachsten Materialien zusammengesetzt wurden. Mit der Statik der Gebäude war es nicht immer aufs Beste bestellt, und das Baumaterial gab schnell nach, wenn es von außen großem Druck ausgesetzt war. Da konnte so ein Haus schon ins Wanken geraten, wenn ein Fuhrwerk allzu oft die Kurve kratzte. Hier war der Schutz durch die „Radabweiser", wie die Steine auch genannt wurden, besonders wichtig.

„Wenn man sie einmal bemerkt hat und ihre Geschichte kennt, fallen sie einem überall auf."

„Einen Nachteil hatte das Ganze aber auch", sagt Inge Nymbach. „Dadurch, dass die Steine nun an mehreren Stellen in die Straßen und Gassen ragten, wurden diese noch enger." Und der Stein gewann im Zweifel den Kampf gegen das Rad. Herz schreibt: „Die schräggeführten Kanten oder Flächen der Steine sollten die eisenbeschlagenen Radreifen und damit den ganzen Wagen von der Mauerecke wegdrängen. Bei überladenen Wagen waren Rad- und Achsbrüche absehbar." Das Fahrzeug nicht zu voll zu laden, war also ratsam. Und Händler, denen es trotz drangvoller Enge gelungen war, ihre Wagen durch die Stadt zu lenken, ohne das Fuhrwerk zu ruinieren, konnten mit Fug und Recht behaupten: „Ich habe gerade noch einmal die Kurve gekriegt."

Eva-Maria Bast

So geht's zum Kurvenstein:

Man kann sie an verschiedenen Stellen in der Stadt entdecken, zum Beispiel in der Waagegasse.

Weihbischof Dr. Reinhard Hauke weiß, was die Steinblöcke mit der Geschichte des Dombergs zu tun haben.

03

Steinblöcke

Nachbarschaftsstreit auf dem Domberg

Aufmerksame Besucher stoßen, sobald sie die großen Treppen zum Domberg erklommen haben, auf zwei geheimnisvolle Objekte. Nein, es sind nicht die beiden Kirchen St. Marien und St. Severi gemeint, sondern die viel kleineren und viel unscheinbareren Steinblöcke. Sie scheinen auf den ersten Blick rein zufällig mitten auf dem Platz zwischen den Gotteshäusern zu stehen. Aber wer sie erst einmal wahrgenommen hat, fragt sich, wie sie wohl dorthin gelangt sind und welche Funktion sie erfüllen.

„Eine der Legenden, die sich um die Steine ranken, besagt, dass sich hier eine mittelalterliche Richtstätte befand“, erzählt Weihbischof Dr. Reinhard Hauke. „Menschen, die über den Glauben etwas

Falsches sagten, wurden auf den Blöcken enthauptet und der Kopf sowie das Blut in dieser Rinne aufgefangen." Tatsächlich wird das Plateau durch einen gepflasterten Streifen geteilt, der direkt an den Steinen vorbei mit Gefälle in Richtung Westen verläuft. Obwohl diese Geschichte in Erfurt oft erzählt werde, sei diese Theorie aber natürlich Unsinn, so Hauke. Denn: „Auf geweihtem Boden wäre es ein Sakrileg gewesen, jemanden hinzurichten."

Auf dem Domberg wurden somit zwar keine Köpfe von Verurteilten abgetrennt, „teilen" ist aber trotzdem das Stichwort für den wahren Hintergrund der Steinblöcke. „Es handelt sich dabei um Pfarrgrenzsteine", erklärt der Würdenträger. Wie bei anderen Grundstücken auch zogen die Eigentümer nicht nur eine Linie, sondern stellten Steine auf, um zu markieren, wo die Grenze verläuft. „Und auf dem Domberg handelt es sich eben um zwei Pfarreigelände, die durch die Steine getrennt wurden", ergänzt Hauke.

Zwei der Steinblöcke, die zwischen den beiden Kirchen auf dem Domberg stehen.

Was zu der Frage führt: Warum stehen dort oben überhaupt zwei katholische Gotteshäuser nebeneinander? „Die Geschichte der beiden Kirchen beginnt wahrscheinlich schon im 6. Jahrhundert", weiß der Weihbischof zu berichten. „Wir vermuten, dass damals bereits eine kleine Kapelle mittig auf dem Berg stand, die dem heiligen Blasius gewidmet war." Noch bevor im Jahr 742 durch Bonifatius (um 673-754) das Bistum Erfurt gegründet wurde und damit der Bau einer Bischofskirche auf dem Domberg einherging, soll es dort in direkter Nachbarschaft seit Beginn des 8. Jahrhunderts ein Benediktinerinnenkloster mit Kirche gegeben haben. „So entstanden also zwei Kirchen mit unterschiedlicher Nutzung auf diesem Berg, eine Klosterkirche und eine Bischofskirche", fasst Reinhard Hauke zusammen. Nachdem die Benediktinerinnen 1123 aufgrund zunehmender Platznot an den Stadtrand gezogen waren, wurde die nun ehemalige Klosterkirche eine Pfarrkirche.

In architektonischer Hinsicht war die Nachbarschaft der Gotteshäuser eine gegenseitige Bereicherung. „Erst wurde eine große romanische Klosterkirche gebaut, dann eine große romanische Bischofskirche. Auf die gotische Klosterkirche folgte eine gotische Erweiterung am Dom", beschreibt der Weihbischof die baugeschichtliche Entwicklung. Bis auf fünf Jahre war der gesamte Domberg immer katholisch. Im Zuge der Reformation wurden die beiden Kirchen ab 1525 von beiden Konfessionen simultan genutzt, bis der Hammelburger Vertrag 1530 festlegte, dass alle Stiftskirchen der katholischen Kirche zurückgegeben werden sollten.

Und die Pfarrgrenzsteine? Reinhard Hauke schätzt, dass sie zwar vielleicht mal erneuert wurden, aber ursprünglich bis in die Romanik zurückreichen, da im 12. Jahrhundert auch die beiden Stifte gegründet worden seien. Der Überlieferung nach kam es zwischen den Kanonikern zum Streit, als die Stiftsherren von St. Severi an der Südseite ihrer Kirche eine Kapelle anbauen ließen, die zu weit in das Gelände des Marienstifts hineinreichte. Dagegen protestierten die Stiftsherren von St. Marien so vehement, dass sogar Rom von der Beschwerde Wind bekam und die Kapelle schließlich bis an die Grundstücksgrenze zurückgebaut werden musste. Fürderhin sollten die Steinblöcke dafür Sorge tragen, dass die Grenzlinie des Pfarreigeländes nicht überschritten wurde. Und noch heute erinnern sie daran: Kirchen sind auch nur Nachbarn.

Elena de F. Oliveira

So geht's zu den Steinblöcken:

Sie stehen auf dem Domberg zwischen Mariendom und Severikirche.

Faustgäßchen
15
RECHTSANWALT
ARMIN DEMUTH
0361·6008080
Nr. 15

04

Faustgässchen

Als die Mauern den Hühnern wichen

„Es liegt so versteckt und ist so winzig, dass sich kaum jemand hierher verirrt, wenn er nicht unmittelbar hier zu tun hat“, sagt der Hobbyhistoriker Wilfried Wolf. Dass es so klein und so schmal ist, trug ihm auch seinen Namen ein: Faustgässchen. Nicht etwa, weil es so winzig wäre, dass gerade mal eine Faust hindurchpasst, sondern weil aufgrund der Enge eine Sage entstand, die sich um einen Mann spinnt, der eben so hieß: Faust. Und nicht nur das: Es war jener wandernde Wunderheiler und Alchemist Johann Georg Faust (um 1480 - etwa 1541), der die Vorlage für die vielfach musikalisch und literarisch verarbeitete Faust-Sage bildete und auch Johann Wolfgang von Goethe (1749-1832) zu seinen bekannten Werken *Faust I* und *Faust II* veranlasste. „Der Legende nach soll der von vielen auch als Hochstapler verurteilte Faust hier seine schnaubenden Rösser mit einem mächtigen Fuder Heu durchgejagt haben. Und sie passten deshalb hindurch, weil die Mauern auf sein Geheiß wichen“, erzählt der Hobbyhistoriker die Sage nach. Doch Martin Luther (1483-1546) soll dem Mann einen Strich durch die Rechnung gemacht haben: „Er sprach einen Bannspruch, durch den sich die Pferde in Hähne und das ganze Fuder zu einem Strohhalm verwandelte.“ Dumm gelaufen für Faust, aber immerhin hatte das Gässchen nun seinen Namen bekommen. Warum aber wurde ausgerechnet dieses Sträßchen Mittelpunkt der kleinen Faust-Sage? Es hätte doch auch jedes andere sein können? „Nein“, sagt Wolf. „Denn ganz in der Nähe des Gässchens im Wirtshaus Zum Anker, welches sich in der Schlösserstraße 19 befand, hat Dr. Faust mit dem Vierherren, einem Junker von Dennstedt, gezecht.“

Johann Georg Fausts Besuch in Erfurt ist für 1513 belegt: Es ist ein Brief des Humanisten Mutianus Rufus (1470-1526) bekannt, in dem Faust nicht allzu gut wegkommt. Er schreibt: „Vor acht Tagen kam ein Chiromant nach Erfurt, namens Georgius Faustus Helmi-

Wilfried Wolf bedauert, dass das Faustgässchen so in Vergessenheit geriet.

theus Hedelbergensis, ein bloßer Prahler und Narr. Seine Kunst, wie die aller Wahrsager, ist eitel, und eine solche Physiognomie ist leichter als eine Wasserspinne. Die Dummen sind voller Bewunderung. Gegen ihn sollten sich die Theologen erheben, statt daß sie den Philosophen Reuchlin zu vernichten suchen. Ich hörte ihn im Wirtshaus schwatzen; ich habe aber seine Anmaßung nicht gestraft; denn was kümmert mich fremde Torheit?“

In der Tat war „das zeitgenössische Urteil“ über Faust „zwiespältig und widerspruchsvoll“, wie Alfred Zastrau in der *Allgemeinen Deutschen Biographie* schreibt: „F., als Gelehrter wie als Mensch ausgezeichnet durch einen unerhörten Selbständigkeitsdrang in Wechselwirkung mit einem ebenso unerhörten Selbstbewußtsein, wurde zwangsläufig zum Außenseiter zwischen den Konfessionen, zwischen den legitimen Wissenschaften, zwischen den sozialen Schichten.“ Die Vertreter der mittleren Kreise, insbesondere des Humanismus, hätten ihn abgelehnt, ihm jedoch „meist und in Übereinstimmung mit anderen Zeugen einen Sonderrang“ zugebilligt. „Die kleinen Leute liefen ihm in Scharen zu und nach. Die Großen ihrer Zeit bedienten sich, zumal in den letzten Lebensphasen, seines Rates, schätzten und suchten ihn.“

Um dieses Gässchen spinnt sich eine eigenartige und mystische Geschichte.

Das Ende des Johann Georg Faust war denkbar tragisch: In einem Hotel im Breisgau soll er bei dem Versuch, Gold herzustellen, bei einer Explosion gestorben sein. Für seine Zeitzeugen war das der Beweis: Der Teufel höchstpersönlich hatte ihn zu sich geholt, vor allem Kleriker und Ärzte, die ihn als Konkurrenz gesehen hatten, triumphierten. Froben Christoph von Zimmern (1519-1566) schrieb in der *Zimmerischen Chronik*: „Ist ain alter mann worden und, wie man sagt, ellengclichen gestorben. Vil haben allerhandt anzeigungen und vermuetungen noch vermaint, der bös gaist, den er in seinen lebzeiten nur sein schwager genannt, hab ine umbbracht."

Die Sage rund um Faust entstand aber erst nach seinem Tod: Johann Weyer berichtete 1568 in seinem *De praestigiis daemonum*, dass Faust dem Kaplan Johann Dorstenius gegen eine Flasche Wein ein Mittel zusicherte, mit dem er sich den Bart ohne Rasur abnehmen könne. Faust, so die Geschichte weiter, habe dem Kaplan dann geraten, sich den Bart doch mit Arsenik einzureiben, mit dem Ergebnis, dass sich nicht nur die Haare, sondern auch die Haut des Mannes auflösten. Angeblich hatte Dorstenius Weyer die Geschichte selbst erzählt.

Je länger der Tod des Faustus her war, desto stärker wichen die Geschichten, die sich um ihn spannen, von der Realität ab. Bekannt geworden ist die *Historika von D Johann Fausten*, die allerdings kaum noch etwas mit dem wahren Leben des echten Dr. Faustus zu tun hat.

Und die Erfurter Sage von Hahn und Fuderhaufen? Die hat immerhin den wahren Kern, dass Faust tatsächlich im Wirtshaus ums Eck häufig seinen Kameraden getroffen hatte. Und vielleicht durch das später nach ihm benannte Gässchen nach Hause ging. Je nachdem wie sehr er zuvor dem Alkohol zugesprochen oder über rätselhafte Zusammenhänge nachgedacht hatte, mag er dabei vielleicht durchaus den Eindruck gehabt haben, dass die Mauern vor ihm zurückwichen und Martin Luther seine Pferde in Hühner verwandelte.

Eva-Maria Bast

So geht's zum Faustgässchen:

Es beginnt in der Schlösserstraße zwischen den Häusern mit den Nummern 14 und 15.

52

05

Bauinschrift

Von Kirchen, Glocken und Wagenhebern

Einst sollte er zum Gottesdienst rufen, heute ist er der wohl musikalischste Turm der Stadt: Zwischen den schicken Fassaden der Wohn- und Geschäftsgebäude am Anger sticht der Bartholomäusturm nicht nur aufgrund seiner Höhe hervor, sondern auch durch seine trutzige Erscheinung. Als 1412 mit seinem Bau begonnen wurde, ahnte wohl niemand, dass er als eines der letzten mittelalterlichen Bauwerke auf dem Anger übrig bleiben sollte. Die Bauinschrift auf der Südseite des Turms verweist auf das Jahr seiner Entstehung. Dort steht, um die in den Klammern ergänzten Buchstaben gekürzt, in gotischer Minuskel: *Anno d(omi) ni MCCCCXII fe(r)ia sexta p(ro)xima post festu(m) ascenionis d(omi) ni i(n)cepta e(st) hec struct(ur)a huj(us) turris.* Zu Deutsch: Im Jahre des Herrn 1412 am Samstag nach dem Fest Christi Himmelfahrt ist der Bau unseres Turmes begonnen worden. „Der Platz hat wohl trotz der Abkürzungen nicht gereicht", kommentiert Autor Ulrich Seidel angesichts der letzten beiden Worte, die der Steinmetz ganz klein an den unteren Rand gesetzt hat. Seidel ist ehrenamtlich als Glockenspieler und Wächter des Bartholomäusturms tätig.

Der Turm stand jedoch nicht immer alleine. Seinen Namen trägt das emporragende gotische Bauwerk aufgrund einer dem heiligen Bartholomäus gewidmeten Kirche, die sich bereits im 12. Jahrhundert am Anger befunden haben soll. „1182 wurde sie erstmals erwähnt", präzisiert Ulrich Seidel. „Sie war die Haus- und Hofkirche der Grafen von Gleichen, die nebenan residierten." Nachdem das Gotteshaus 1291 wohl einem Brand zum Opfer gefallen war, wurde es in den Folgejahren wiederaufgebaut und ab 1412 durch den Turmbau ergänzt. 1441 erhielt er eine Glocke, mit der er die Erfurter zukünftig zum Gottesdienst rufen sollte. Bis 1841 erhöhte sich die Anzahl auf vier Glocken. Mit der Errichtung der Spitze waren die Bauarbeiten am Turm 1468 abgeschlossen.

Ulrich Seidel weiß viel mehr über den Turm zu erzählen als nur den Inhalt der Bauinschrift.

Im Zuge der Reformation ging die Bartholomäuskirche gute 50 Jahre später in evangelischen Besitz über. Viele kleinere Gemeinden wurden zusammengelegt, sodass die Bartholomäusgemeinde in die nahe gelegene Barfüßerkirche umzog. Da diese keinen eigenen besaß, diente der Turm ab 1591 als Läuteturm der Barfüßergemeinde, wohingegen die Bartholomäuskirche weitgehend ungenutzt blieb und zusehends verfiel. Bereits 1571 wegen Baufälligkeit geschlossen, wurde das verwaiste Kirchenschiff zusätzlich bei einem Stadtbrand 1660 in Mitleidenschaft gezogen. Der Turm blieb von den Flammen verschont.

Gute 300 Jahre lang waren sie vereint gewesen, bevor 1715 die letzten Mauerreste des Kirchenschiffs abgetragen wurden und der Turm alleine zurückblieb. Bis 1942 waren seine Glocken regelmäßig erklungen, dann wurden sie – eingeschmolzen und zu Kanonenkugeln geformt – abermals an anderer Stelle gebraucht: an der Front. Schon 1917 waren dem Turm für den Ersten Weltkrieg zwei Glocken entnommen, aber 1938 ersetzt worden. „Drei der zu diesem Zeitpunkt wieder vier Glocken wurden vermutlich während des Zweiten Weltkriegs eingeschmolzen und sind verschollen", erzählt Ulrich Seidel, „die vierte aus dem Jahr 1481 befindet sich heute im Besitz der Predigerkirche." Zu den metallenen Klangkörpern weiß der Stadtführer noch mehr spannende Dinge zu berichten: „Als Martin Luther im Oktober 1529 eine Predigt in der Barfüßerkirche gehalten hat, soll er bei der Gelegenheit auch im Bartholomäusturm gewesen sein." Und wie viele andere Menschen hatte der Reformator wohl das Bedürfnis, sich bei seinem Besuch des Turmes irgendwo zu verewigen. Seine Wahl fiel auf eine der

Der Bauinschrift ist die Grundsteinlegung des Turms im Jahr 1412 zu entnehmen.

heute verschwundenen Glocken. „Der Überlieferung nach schrieb er in Abkürzungen darauf: ‚Dr. Martin Luther, Gottes Wort bleibt in Ewigkeit'", schildert Seidel die Begebenheit. Sollte sie sich wirklich so zugetragen haben, bewies Luther (1483-1546) Sinn für Humor, denn er schrieb seine Worte mit Kreide. „Und die hält bestimmt nicht ewig. Dann schon eher Gottes Wort", sagt Seidel mit einem Augenzwinkern.

Mit dem Verlust der Glocken 1942 war dem Bartholomäusturm also nicht nur die Kirche abhandengekommen, sondern auch seine ursprüngliche Aufgabe, zum Gottesdienst zu rufen. Zudem verlor er 1945 seine durch einen Artillerietreffer beschädigte Turmhaube, die aus 35 Meter Höhe auf den Anger hinabstürzte und einen Passanten das Leben kostete. Den gotischen Spitzhelm erhielt der Turm 1992 zurück.

Nach jahrzehntelangem Leerstand besitzt das Bauwerk seit Ende der 1970er-Jahre mehr Glocken als zuvor – und damit eines der im wahrsten Sinne des Wortes schwersten Instrumente. „Der Turm war 1977 säkularisiert worden und sollte ein Glockenspiel, ein sogenanntes Carillon, bekommen, gestiftet vom Ministerium für Kultur der DDR", führt Seidel aus. Den Entwurf für das 1979 eingeweihte „Prestigeobjekt der SED-Bezirksleitung", so die Bezeichnung des Historikers Dr. Steffen Raßloff, erstellten Peter und Margarete Schilling, die in Apolda eine Glockengießerfirma betrieben. „Insgesamt sind es 60 Bronzeglocken, verteilt auf vier Ebenen. Die größte wiegt knapp 2,4 Tonnen, die leichtesten bringen 10 Kilogramm auf die Waage", veranschaulicht Ulrich Seidel, der das Instrument selbst beherrscht. Damit kommt das Carillon auf ein Gesamtgewicht von rund 13,6 Tonnen. Die Glocken schwingen nicht frei hin und her, sondern werden von Klöppeln angeschlagen. Ähnlich wie am Klavier sitzt der Carillonneur an der Handspieleinrichtung und bedient die sogenannten „Stocken", die durch justierbare Drahtseile mit den

„Drei der zu diesem Zeitpunkt wieder vier Glocken wurden vermutlich während des Zweiten Weltkriegs eingeschmolzen und sind verschollen."

Klöppeln verbunden sind. Wer Ulrich Seidel dabei zuschaut, merkt schnell: Zimperlich darf man dabei nicht sein, hier sind Fäuste gefragt.

Der Erfurter verweist außerdem auf die beiden Sitzbänke. Die eine gehört zum Carillon oben im Turm, die andere zum Übungsinstrument im Untergeschoss. „Hier verbirgt sich vielleicht ein weiteres Geheimnis, nämlich die Antwort auf die Frage, wo sich in Erfurt noch Wagenheber der Marke Wartburg befinden", verrät Seidel. Da Peter Schilling bei der Konzeption des Glockenspiels darauf angewiesen war, nur Material aus dem eigenen Land zu verwenden, sei er auf die Idee gekommen, Wagenheber zu benutzen, um eine in der Höhe verstellbare Sitzbank zu kreieren. „Es muss also irgendwann zu DDR-Zeiten mal zwei Wartburg-Automobile gegeben haben, die ohne Wagenheber ausgeliefert wurden. Das war ja alles abgezählt", schlussfolgert der Glockenspieler schmunzelnd.

„Sie war die Haus- und Hofkirche der Grafen von Gleichen, die nebenan residierten."

Täglich um 10, um 12 und um 18 Uhr sowie bei Konzerten und besonderen Anlässen erklingen die Glocken im Bartholomäusturm. Von seinen durch die Bauinschrift bezeugten Anfängen bis heute musste das Kulturdenkmal von der Gemeinde über das Kirchengebäude bis zur Spitze und den historischen Glocken viele Verluste hinnehmen. Doch trotzte der Turm standhaft allen Gefahren, sodass er heute nicht Schall und Rauch ist, sondern hauptsächlich ersteres. Denn für jeden, der sich in Hörweite auf dem Anger befindet, ist er eine klangvolle Bereicherung.

Elena de F. Oliveira

So geht's zur Bauinschrift:

Sie befindet sich über dem Erdgeschossfenster an der Südseite des Bartholomäusturms am Anger 52.

Wo geht's denn hier zur großen Glocke? Manchmal wird die Gloriosa lebendig und erzählt ihre Geschichte selbst. Schauspielerin Annette Seibt am Fuß des Doms im Gloriosa-Kostüm.

06

Wegweiser

Eine Glocke und ihre Geschichte

Die Fakten sind schnell aufgezählt: Gloriosa, die Ruhmreiche, im Erfurter Mariendom ist ein beeindruckendes Zeugnis der hohen Kunst des Glockengießerhandwerkes. Bei einer Höhe von 2 Metern und 2,57 Metern Durchmesser ist sie die älteste freischwingende mittelalterliche Glocke der Welt. Der Klöppel ist 366 Kilo schwer und benötigt eine halbe

Minute für den Schwung, bis er anschlägt. Der Klang ist über die ganze Stadt zu hören. Man sagt, schon Martin Luther habe ihm andächtig gelauscht. Im Juli 1497 wurde das Meisterwerk gegossen.

Schauspielerin Annette Seibt hat sich eingehend mit der Gloriosa beschäftigt. „Seit ich im Oktober 2004 zufällig dazukam, als die Glocke nach ihrer Reparatur auf den Turm gezogen wurde, wollte ich mehr über sie erfahren." Denn hinter so einem Meisterwerk, das war der Kreativen sofort klar, mussten einfach Geschichten und Geheimnisse verborgen sein. „Als ich zusammen mit vielen anderen Erfurtern auf dem Domplatz stand und gebannt dem technischen Manöver zusah, hatte ich richtig Gänsehaut. Da schwebten immerhin elf Tonnen in der Luft."
Und von da an ließ die Gloriosa die Schauspielerin nicht mehr los. „Abgesehen davon, dass man ihren Klang einfach einmal gehört haben muss", erzählt Seibt, „ist die Geschichte der Glocke wirklich spannend, so spannend, dass ich beschloss, sie bräuchte ein eigenes Theaterstück."

Monatelang recherchierten die Schauspielerin und ihr Team und machten sich mit dem Glockengießerhandwerk im Allgemeinen und der Gloriosa im Besonderen vertraut. „Schon um die Herstellung einer Glocke für den Dom rankt sich ein Geheimnis", fand die Künstlerin heraus. „Fünf Vorgängerglocken wurden gegossen, aber keine einzige blieb heil. Das sorgte für reichlich Spekulationen unter der Bevölkerung." Lag etwa ein Fluch auf dem Vorhaben?
„Man musste jedenfalls ziemlich in die Ferne schweifen, um einen Glockengießer zu finden, der sich noch mal an das Projekt wagte", erzählt Seibt. „Und das war Gerhard van Wou."

In ihrem Stück „Gloriosa" lässt die Schauspielerin zwei Erfurter Marktweiber im breitesten Thüringisch darüber spekulieren, ob der Meister nicht sogar aus dem fernen China nach Erfurt gekommen sei.

Meister Wou, der übrigens nicht aus dem Reich der Mitte, sondern aus Kampen in den Niederlanden nach Erfurt kam, und seinen Helfern gelang schließlich, was in zwei Jahrhunderten zuvor nicht hatte klappen wollen. Die elf Tonnen schwere Gloriosa, die mit dem Ton E erklingt, wurde im Juli 1497 nach langer Planung vollendet.

Viel Sorgfalt hatte der Meister auf die Herstellung verwendet, allein die Planungen dauerten über ein Jahr.

„Wie die Gloriosa jedoch auf den Turm gelangte, ist mir angesichts der technischen Möglichkeiten ein echtes Rätsel", sagt die Schauspielerin. „Vicarius Stolle, der damals Chronist des Domkapitels war, hat alles ganz genau aufgeschrieben. Dass wir uns Jahrhunderte später fragen würden, wie die Glocke auf den Turm gebracht wurde, war für ihn kein Thema. Sie kam auf den Turm, wie halt Glocken immer auf den Turm kamen. Für ihn war wichtig, dass dafür eine Holzlieferung und Helferslohn für zwei Tage gezahlt wurden, und das hat er auch ordentlich aufgeschrieben."

1984 jedoch entdeckte man zum ersten Mal einen Riss im bronzenen Material. Der konnte zwar im Glockenstuhl selbst repariert werden, aber ungefähr zwei Jahrzehnte später wurde der nächste Schaden festgestellt und die Gloriosa zur Reparatur nach Nördlingen in Bayern gebracht.

Am 8. Dezember 2004 erklang die Glocke erneut, und seitdem wird sie regelmäßig, allerdings nur achtmal an wenigen ausgewählten Tagen, so an Ostern, Weihnachten und am 10. November, dem Abend vor dem Martinstag, geläutet. So eine große Dame darf sich ruhig ein bisschen rarmachen.

Kerstin Hohlfeld

So geht's zum Wegweiser:

Der Wegweiser befindet sich am Erfurter Dom linkerhand am Ende der großen Domtreppe.

07

Biereigenlöcher

Hopfen und Malz – immer ein Lieblingsgetränk

Wer in Erfurts historischem Stadtkern seinen Blick über die prächtig sanierten Häuserfassaden wandern lässt, wird über den Portalen hin und wieder kreisrunde Löcher entdecken. Inmitten von oft reichem Zierrat und leuchtenden Farben wirken sie fast ein wenig befremdlich. Und ihre Funktion erklären sie nicht von selbst. Das gilt auch für das Haus zum Stockfisch in der Johannesstraße 169. Historiker und Publizist Dr. Steffen Raßloff weiß zu berichten, was es mit den Löchern auf sich hat, und muss dafür etwas weiter ausholen.

„Man konnte im Mittelalter eigentlich nur Abgekochtes gefahrlos trinken", erklärt er. Insbesondere in Städten war es schwierig, an sauberes Wasser zu kommen. Fäkalien, verwesende Tiere und Abfall konnten das Fluss- oder Grundwasser verunreinigen, Krankheiten und Seuchen nach sich ziehen. „Da kam dem Bier eine besondere Bedeutung zu, weil das zugefügte Wasser im Verlauf seiner Herstellung zusammen mit den anderen Zutaten abgekocht wird. Vom Kleinkind bis zum Greis tranken alle Bier, im Alltag freilich in schwacher und verdünnter Form. Man kann also sagen, dass es im Mittelalter ein Grundnahrungsmittel war. Also musste man auch genug davon haben."

Öffentliche Brauereien gab es damals nicht, das Recht, Bier herzustellen, lag in den Händen reicher Familien, den sogenannten Biereigen, wobei das Braurecht an den Hausbesitz gebunden war. „Rund 600 Biereigenhöfe hat es damals in Erfurt gegeben. Die Bierbrauer brauchten natürlich viel Platz, man braute ja nicht nur ein Fässchen. Und nach hinten raus benötigten sie einen Hof für Fahrzeuge. Die meisten waren Großhändler, einige von ihnen waren mit dem Pflanzenfarbstoff Waid zu einem großen Vermögen gekommen." Sie brauten in einem vorher genau festgelegten Turnus Bier in unterschiedlichen Stärken und Qualitäten.

Steffen Raßloff vor der prächtigen Fassade des Erfurter Stadtmuseums. Ohne Bier, aber die Bierlöcher über ihm sind gut zu erkennen.

„Das einfache Bier für jedermann enthielt nur wenig Alkohol und wurde, da es Volksgetränk war, in großer Menge gebraut“, erklärt Raßloff. „Es gab aber auch bessere Biere, die zum Beispiel in Gasthöfen ausgeschenkt wurden.“

Um kundzutun, dass frisches Bier in den Fässern darauf wartete getrunken zu werden, gab es zwei Möglichkeiten: „Das waren einmal die sogenannten Bierrufer, die in den vier Bezirken Erfurts unterwegs waren, und zum zweiten die Bierlöcher an den Portalen“, erzählt der Historiker. „Wenn wieder Bier fertig war, steckte man dicke Strohbündel in die Löcher. Und schon konnten die Erfurter mit Krügen und Kannen das frische Getränk abholen.“

Das 1607 gebaute Haus zum Stockfisch gehörte einst Waidjunker und Biereigen Paul Ziegler, der ein einflussreicher Bürger Erfurts war. Seit 1974 beherbergt das Haus das Stadtmuseum. „Es wurde nach der Wende komplett saniert und entkernt und die ursprüngliche Farbschicht rekonstruiert“, sagt Raßloff, und der muss es wissen, schließlich ist er Vorsitzender des Museums-Fördervereins. „Zu DDR-Zeiten und auch davor waren die meisten Häuser komplett grau.“

Man darf sich das mittelalterliche Erfurt also recht bunt vorstellen. Ob die Farben und das frisch gebraute Bier das Leben der einfachen Leute im Mittelalter ein wenig leichter gemacht haben?

Kerstin Hohlfeld

So geht's zu den Biereigenlöchern:

Biereigenlöcher sind an vielen Hausportalen der Innenstadt zu finden. Die am Stadtgeschichtlichen Museum befinden sich in der Johannesstraße 169 am sogenannten Haus zum Stockfisch.

Einst beten, jetzt balancieren – Schauspielerin Annette Seibt auf den Umrissen der Corpus-Christi-Kapelle.

08

Kapellenumrisse

Untergraben, zerstört, verschenkt

Um sich die Corpus-Christi-Kapelle vorzustellen, braucht der Betrachter wirklich Fantasie. Er kann sich einen mittelalterlichen Sakralbau denken, dessen barocken Nachfolgerbau oder er fährt ins nahe gelegene Dittelstedt, um sich den Glockenturm der dortigen St.-Martins-Kirche anzusehen, denn der zierte einst die Kapelle. Heute sind von dem Kirchlein auf dem Petersberg nämlich nur noch die steinernen Umrisse sichtbar.

„Die Geschichte des Petersberges ist vielfältig", erzählt Schauspielerin Annette Seibt. „Es gab hier zuerst die kirchliche Nutzung, dann kam eine militärische hinzu. Beide existierten sogar eine ganze Weile lang gleichzeitig."

Der Reihe nach sieht das so aus: Ab dem Jahr 1060 lebten und wirkten auf dem Petersberg, so ist es urkundlich belegt, Benediktinermönche. Doch schon lange vor ihnen sind Besiedelungen an selber Stelle nachweisbar. Es werden eine frühgeschichtliche Kultstätte ebenso wie eine noch frühere Ansiedlung von Benediktinermönchen vermutet. Bevor der Mainzer Bischof Siegfried I. (gest. 1084) 1060 das Kloster schuf, befand sich auf dem Petersberg die Wirkungsstätte von Geistlichen, die für Gebete und Gottesdienste zuständig waren, eine Gemeinschaft, die aber kein Gelübde abgelegt hatte – ein sogenanntes Kollegiatstift. Im Jahr 1080 wurde Erfurt bei kriegerischen Auseinandersetzungen infolge des Investiturstreits von Truppen Heinrichs IV. (1050-1106) in Brand gesteckt. Große Teile des Klosters gingen in Flammen auf.

Viel Mühe muss es gekostet haben, die Zerstörungen zu beseitigen. „Aber der Mensch ist nun mal ein unermüdliches Wesen, und so wurde das Kloster in den Folgejahren wieder errichtet", sagt Annette Seibt. 1304 vollendete man die Corpus-Christi-Kapelle. Auch die prächtige Peterskirche zierte den Petersberg und war weit über die Stadtgrenzen hinaus sichtbar.

Die strategisch günstige Lage des 230 Meter hohen Hügels blieb nicht für alle Zeiten unentdeckt. Und so war es denn, nach einer militärischen Zwischennutzung durch Gustav II. Adolf von Schweden (1594-1632) und seine Truppen während des Dreißigjährigen Krieges (1618-1648), Mitte des 17. Jahrhunderts mit der klösterlichen Ruhe endgültig vorbei. Wo heute der Besucher einen wunderbaren Blick auf Erfurt und Umgebung werfen kann, wurde ab 1665 rege gebaut. Es entstand eine gewaltige barocke Festungsanlage.

„Die Corpus-Christi-Kapelle stand auf dem Areal, auf dem die sogenannte Bastion Philipp gebaut wurde", erklärt Annette Seibt. „Und da war sie sicher, bis Gerüchte die Runde machten. Man erzählte sich, es wäre ein sagenhaft großer Schatz unter den Mauern der Kapelle verborgen." Der Kurfürst Anselm Franz von Ingelheim (1634-1695) ließ ihn suchen. Und da ging es dem Bauwerk an den Kragen, beziehungsweise an die Grundfesten. „Es wurde so heftig gegraben, dass im Jahr 1735 sowohl die Bastionsmauern als auch große Teile der Kapelle einstürzten", erzählt Annette Seibt. Einzig der Turm und ein kleiner Teil der Kapelle hielten stand. Der Schatz aber blieb im wahrsten Sinne des Wortes legendär.

1738 war die Kapelle, nun im barocken Stil, wieder aufgebaut, aber langes Glück war ihr nicht beschieden. „1802 wurde das Klos-

ter aufgelöst", weiß die Schauspielerin. „Europa rüstete sich gegen Napoleon, und Preußen brauchte die Festung ganz für sich."
Was nichts nützte, denn nach der verlorenen Schlacht bei Jena und Auerstedt am 14. Oktober 1806 zogen die siegreichen Franzosen auf der Festung ein und hielten dort die Stellung bis zum 6. November 1813. Da holten sich die Preußen mit Unterstützung von russischen und österreichischen Truppen Erfurt zurück (siehe Geheimnis 32). Die Corpus-Christi-Kapelle wurde während des Beschusses vollständig zerstört. „Wobei sie auch vorher schon nicht mehr ganz dieselbe war", erklärt die Erfurterin. „Denn Napoleon hatte den Turm der Kapelle zwei Jahre zuvor verschenkt."
Das klingt nach einer Legende, ist aber wahr. Wer sich davon überzeugen möchte, kann sich im nahen Dittelstedt den Turm ansehen. Die dortige St.-Martins-Gemeinde erhielt, nachdem die Franzosen die Kirche während der Schlacht bei Jena und Auerstedt geplündert hatten, im Jahr 1812 den Turm der Corpus-Christi-Kapelle. Da steht er, seit am 27. April desselben Jahres der Grundstein zum Bau gelegt wurde, heute noch.

Wahrscheinlich wäre die Kapelle ganz in Vergessenheit geraten, hätte man nicht 2006 ihre Grundmauern freigelegt. So können Besucher des Petersberges immerhin ahnen, wie es hier einmal ausgesehen hat, und darüber nachdenken, ob der legendäre Schatz wohl noch im Boden ruht. Das Graben danach ist allerdings ausdrücklich verboten!

Kerstin Hohlfeld

So geht's zu den Kapellenumrissen:

Die Umrisse der Kapelle befinden sich auf dem Petersberg auf der Bastion Philipp, die saniert und als Aussichtspunkt begehbar ist.

Anselm Hartinger weiß, was es mit der kleinen schwarzen Tafel im Hintergrund auf sich hat.

09

Gedenktafel

Reformation auf 48 Seiten

Wenn Dr. Anselm Hartinger am Haus Nr. 16 in der Pergamentergasse vorbeiläuft, fängt er manchmal an, ein Lied zu singen. Was den Direktor der Erfurter Geschichtsmuseen ausgerechnet hier zu diesem musikalischen Vortrag bewegt? Eine kleine, unscheinbare Tafel links oben neben der Tür, fast überdeckt von grünen Blätterranken, gibt einen Hinweis: *In diesem Haus wurde im Jahr 1524 von Johannes Loersfelt das Erfurter Enchiridion das erste evangelische Gesangbuch gedruckt.* Von der Plakette abgesehen, lassen auch der Straßenname und der Eigenname des Hauses auf seine einstige Nutzung schließen. *Zum Ferbefaß* steht über der weiß gestrichenen Eingangstür.

„Allein der Name Pergamentergasse verweist schon darauf, dass wir uns hier im ehemaligen *lateinischen Viertel* befinden", erläutert Anselm Hartinger. „In diesem Teil der Stadt waren die

Universität, der Markt und viele Buchhandlungen ansässig, daher haben sich auch die Erfurter Drucker größtenteils hier angesiedelt." Unter anderem auch der auf der Gedenktafel genannte Johannes Loersfeld im 16. Jahrhundert, der 1524 besagtes evangelisches Gesangbuch drucken ließ, das 48 Seiten umfasste. „Man liest hier, das Erfurter Enchiridion sei das erste gewesen, kurz zuvor im selben Jahr erschien allerdings noch das Achtliederbuch in Nürnberg", wendet der Museumsdirektor ein. „Zumindest aber ist es eines der allerersten."

„Encheiridion" bedeutet aus dem Altgriechischen übersetzt „Handbüchlein", wie auch im vollständigen Namen von Loersfelds Ausgabe erwähnt wird: *Eyn Enchiridion oder Handbuchlein. eynem ytzlichen Christen fast nutzlich bey sich zuhaben, zur stetter vbung vnd trachtung geystlicher gesenge vnd Psalmen, Rechtschaffen vnd kunstlich verteutscht.* Nicht unbedingt ein eingängiger Buchtitel, dessen ungeachtet aber zu seiner Zeit ein wahrer Bestseller, wie man heute sagen würde. „Die reformatorische Lehre in Liedern zusammenzufassen, war eine völlig neue Idee", beschreibt Hartinger den innovativen Charakter des Gesangbuchs. Und er kennt auch den Grund für die hohe Nachfrage: „Durch das Wirken Martin Luthers existierte in Erfurt bereits sehr früh eine starke reformatorische Anhängerschaft."

Da es damals noch kein Copyright gab, kam es dazu, dass kurz nach Johannes Loersfeld noch ein weiterer Drucker die Liedersammlung herausgab. „Das Enchiridion erschien dann in zwei konkurrierenden Ausgaben", erzählt der Museumsdirektor weiter, „im Haus zum Färbefass und im Haus zum Schwarzen Horn." In Letzterem war der Drucker Matthes Maler tätig (siehe Geheimnis 36). „Die Ausgabe von Loersfeld war jedoch offenbar die etwas vollständigere, sie umfasst zumindest ein Lied mehr", fügt Hartinger hinzu. „Insgesamt waren es 25."

Mit 18 Liedern stammte der Großteil aus der Feder Martin Luthers (1483-1546), dessen Gesangsstücke zuvor auf losen Flugblättern gedruckt und verteilt worden waren und dessen Popularität vermutlich auch ein Grund für die hohe Nachfrage des Liederbuchs darstellte. Die anderen Texte gingen auf Personen aus Luthers

Umkreis zurück, wie den Reformator Paul Speratus (1484-1551), seinen engen Freund Justus Jonas der Ältere (1493-1555) und – eine Frau! „Das noch heute relativ bekannte Lied Nummer 10, *Herr Christ, der einig Gotts Sohn*, hat Elisabeth Cruciger verfasst", weiß Anselm Hartinger. „In dieser Zeit war das etwas ganz Seltenes und Außergewöhnliches, dass eine Frau Kirchenlieder dichtet." Und genau dieser Umstand führte dazu, dass Elisabeth Crucigers (um 1500-1535) Urheberschaft zunächst totgeschwiegen und das Lied ihrem Mann Caspar (1504-1548) zugeschrieben wurde.

Besonders spannend findet Hartinger die Parallelen von Elisabeth Crucigers Lebenslauf zu dem von Luthers Ehefrau Katharina von Bora (1499-1552). „Als Jugendliche trat sie in ein Prämonstratenserinnenkloster ein und wurde Nonne", schildert Anselm Hartinger Elisabeths Werdegang. „Wie viele andere floh sie im Zuge der reformatorischen Bewegung aus dem Kloster und kam nach Wittenberg." Mit dem Theologen Caspar Cruciger nahm Elisabeth einen guten Freund Martin Luthers zum Mann; Luther war es dann auch, der die beiden traute. „Ihre gleichnamige Tochter Elisabeth Cruciger junior heiratete dann später Martin Luthers Sohn Hans Luther", unterstreicht der Museumsdirektor die enge Verbindung der Crucigers zur Luther-Familie.

Die unscheinbare und leicht zu übersehende Gedenktafel am Haus zum Färbefass.

Für den studierten Musikwissenschaftler besteht die Besonderheit des Gesangsstücks nicht nur in seiner Autorinnenschaft. „Das Lied ist eigentlich für Epiphanias, also den Dreikönigstag bestimmt und findet sich noch heute im evangelischen Gesangbuch", erzählt er. „Es handelt davon, wie auch der Mensch durch den neuen Glauben erneuert werden soll. Viele reformatorische Lieder sind im Laufe der Zeit wieder in Vergessenheit geraten, aber dieses besitzt einen so außergewöhnlich theologischen Tiefgang, dass es bis ins 18. Jahrhundert viel gesungen wurde. Wenn ich es richtig sehe, hat allein Johann Sebastian Bach den Choral viermal vertont, und der war ja nicht irgendjemand."

Auch wenn Elisabeth Crucigers weibliche Urheberschaft zu Beginn verschleiert werden sollte, trugen die beiden Druckereien dazu bei, dass sich ihr reformatorisches Liedgut und das der anderen Dichter schnell verbreitete. „Es war genau das Medium, das die Zeit brauchte", bilanziert Hartinger, „man produzierte unmittelbar für den Markt. Eine Predigt wurde gehalten, aufgeschrieben und gedruckt, das ging wirklich schnell. Und dadurch profitierten die Drucker natürlich stark von der Reformation."

Doch nicht nur der Buchdruck, sondern vor allem der Gesang wurde als Mittel der Stunde erkannt, und zwar zu pädagogischen Zwecken, wie der Museumsdirektor ausführt: „Die Lieder des Enchiridions waren auch dazu gedacht, dass junge Leute von vornherein im christlichen Glauben unterwiesen wurden und etwas Sinnvolles sangen. Luther wusste ganz genau, dass Musik viel besser den Kopf und vor allem das Herz erreicht als komplizierte Texte." Das Erfurter Enchiridion fungierte somit auch als Identitätssymbol und Bekenntnis zur reformatorischen Bewegung. Längst bedarf es dazu keines Gesangbuches mehr unter dem Arm, und nicht jeder, der an der kleinen Gedenktafel vorbeiläuft, muss einen Choral anstimmen.

Elena de F. Oliveira

So geht's zur Gedenktafel:

Die kleine Tafel befindet sich links oben neben der Eingangstür am Haus Nr. 16 in der Pergamentergasse.

10

Straßenbahnrosetten

Am Berg braucht's mehr PS

Was ist denn das? Wer durch den Dalbergsweg spaziert, kann sie immer wieder entdecken: große, offenbar schmiedeeiserne Rosetten, die in luftiger Höhe an den Hauswänden hängen. Manche von ihnen sind weiß überstrichen und dadurch unauffälliger, andere heben sich dunkel von der Fassade ab. Begeisterte Spaziergänger, die wachen Blickes durch die Stadt gehen, haben derartige Haken vielleicht auch schon an anderen Häusern gesehen, in der Nähe von Schienen oder dort, wo einst die Straßenbahn entlangfuhr. Und das ist auch schon die Antwort auf die Frage, worum es sich bei den Haken handelt: Das sind Halterungen für die Oberleitungen der Straßenbahn. Und die fuhr bis ins Jahr 1978 auch durch den Dalbergsweg.

Doch der Reihe nach: Die lange Geschichte der Erfurter Straßenbahn beginnt schon im Jahr 1883, als unter der Leitung der Erfurter Straßenbahn AG eine Pferdebahn in Betrieb genommen wurde. Die Pferde zogen ihre Fahrgäste auf drei Linien und insgesamt rund neun Kilometern im Fünf- bis Zwanzig-Minuten-Takt durch die Stadt: Die Rote Linie fuhr vom Ilversgehofener Platz über den Anger, die Regierungsstraße und die Pförtchenstraße bis zur Steigerstraße. Die Grüne Linie bediente die Strecke Anger – Hirschgarten – Löberstraße – Thüringenhalle. Und die Weiße Linie fuhr vom Andreastor über den Domplatz und den Anger zum Hauptbahnhof. Bei der Grünen Linie mussten streckenweise im wahrsten Sinne des Wortes mehr Pferdestärken eingesetzt werden als bei den anderen: Damit Fahrgäste und Wagen auch die Steigung der Arnstädter Straße hinaufkamen, mussten in der Löberstraße noch weitere Pferde vor die Wagen gespannt werden. Und übrigens: Wer mitfahren oder aussteigen wollte, musste sich anfangs noch durch laute Rufe bemerkbar machen.

Stumme Zeugin aus der Vergangenheit – die Straßenbahnrosette im Dalbergsweg.

Die Stadt wuchs und damit auch die Zahl der Einwohner, die gern mit der Straßenbahn fahren wollten. Die Pferde allein konnten das nicht mehr packen – die Elektrifizierung stand an: Im September 1893 kaufte die Berliner Union-Elektricitäts-Gesellschaft die Bahn für 310.000 Mark, und am 1. Juni 1894 ging der elektrische Regelbetrieb an den Start. Die Pferde mussten allerdings erst ab August im Stall bleiben, bis dahin verkehrte die Elektrische teilweise noch parallel zur Pferdebahn.

Wer von all jenen, die die Einführung der elektrischen Straßenbahn begeistert feierten, wohl ahnten, welch tragische Aufgabe ihr Jahrzehnte später zuteilwerden sollte? Während des Ersten Weltkriegs – das Straßenbahnnetz war inzwischen auf rund 23 Kilometer angewachsen – wurden mit der Straßenbahn nämlich nicht nur Bürger und Soldaten von A nach B, sondern auch schwer verwundete Soldaten, die direkt von der Front kamen, vom Hauptbahnhof zum Krankenhaus gebracht. Noch tragischer war die Aufgabe nach dem Krieg, denn nun wurden nicht nur Loren angehängt und Schutt aus der Stadt geräumt, sondern auch Menschen, die dem Krieg zum Opfer gefallen waren, in Leichenwagen zum Hauptfriedhof gebracht.

An all diese bewegten Jahre und Jahrzehnte erinnern die kleinen Straßenbahnrosetten im Dalbergsweg. Und unzählige weitere, die überall in der Stadt zu finden sind – man muss nur genau hinsehen, um sie zu entdecken.

Eva-Maria Bast

So geht's zu den Straßenbahnrosetten:

Besonders schöne Exemplare befinden sich im Dalbergsweg.

Der Schriftzug über dem Willy-Brandt-Platz erinnert an den 19. März 1970, als sich dort mehr als 2.000 Menschen drängten.

11

Schriftzug

Der Tag, an dem Erfurt Geschichte schrieb

Das 1904 errichtete Hotel Erfurter Hof war jahrzehntelang Erfurts angesehenste Adresse. Viele Prominente aus Politik, Sport und Kultur stiegen dort ab. Doch dass hier am 19. März 1970 deutsch-deutsche Geschichte geschrieben wurde, lässt sich allenfalls erahnen, wenn der aufmerksame Betrachter auf dem Bahnhofsvorplatz stehend nach oben blickt. *Willy Brandt ans Fenster* steht dort in Großbuchstaben.

Welchem Ereignis das Haus diesen doch recht ungewöhnlichen Schriftzug verdankt, kann Dr. Steffen Raßloff, Historiker und Publizist, erzählen. „Da oben stand lange Zeit *Erfurter Hof*", erklärt er. „Das Hotel ist am 19. März 1970 durch das erste deutsch-deutsche Gipfeltreffen zwischen dem damaligen Bundeskanzler Willy Brandt und dem DDR-Ministerpräsidenten Willi Stoph zu Weltbekannt-

heit gelangt." Es war das erste Mal, dass sich die Regierungschefs der beiden deutschen Staaten trafen.
Wie muss man sich das Geschehen an diesem Tag vorstellen? „Das Treffen war ein internationales Ereignis", erklärt Raßloff. „Die DDR begann zu dieser Zeit, sich als weltoffenes Land darzustellen, und setzte wie die neue Bundesregierung Brandt auf Entspannung. Dass man den bundesdeutschen Kanzler empfing, war also durchaus ein bisschen PR-Absicht. Aber das ist, wenn man so will, völlig nach hinten losgegangen."

Erfurt befindet sich nicht weit von der ehemaligen deutsch-deutschen Grenze und wurde wegen dieser strategisch günstigen Lage als Treffpunkt auserwählt. Ebenso das Hotel, das direkt am Bahnhof liegt. „Man musste nur ins Hotel rein, verhandeln, und abends ging es mit dem Sonderzug des Kanzlers wieder zurück", schildert Raßloff. „Am Rande des Treffens gab es spontane Beifallsbekundungen für den Bundeskanzler", sagt der Historiker und erklärt, wie es dazu kam: „Der Platz vor dem Hotel war natürlich abgesperrt. Man wollte Brandt vollkommen abschirmen. Doch schon seit dem frühen Morgen drängten sich immer mehr Bürger hinter den Absperrungen."

Gegen 9.30 Uhr erreichte der Sonderzug den Erfurter Bahnhof. Die Situation geriet außer Kontrolle, kurz nachdem die Politiker das Hotel betreten hatten. „Obwohl die Staatssicherheit ein Großaufgebot an Kräften mobilisiert hatte, war nichts zu machen. Die Leute haben sich nicht aufhalten lassen und durchbrachen die Absperrungen", sagt Raßloff. Auf Filmmaterial jener denkwürdigen Stunde sieht man die Menschen auf den Platz stürmen, lachen, winken, ihre Hüte schwenken und laut „Willy Brandt ans Fenster" rufen. Dazwischen hilflose Volkspolizisten, die sich des Ansturms nicht erwehren können.

„Irgendwann bekam man auch drinnen mit, dass draußen ein Tumult stattfand, und dann hat sich Willy Brandt in einem der Erkerfenster in der ersten Etage gezeigt. So etwas hat es nach dem 17. Juni 1953, dem Tag des DDR-Arbeiteraufstandes, und bis zur Wende nicht mehr gegeben, dass die Situation für Stunden außer Kontrolle war." Raßloff kennt viele Zeitzeugen. „Das war ein unglaublich emotionaler Moment“, sagt er. „Selbst Jahrzehnte später bekommen die Menschen, die dabei waren, noch eine Gänsehaut, wenn sie davon erzählen.“

Das traditionsreiche Hotel, eines der ersten Häuser der ehemaligen DDR, wurde 1995 geschlossen und ist erst 2007 als Geschäftshaus wieder eröffnet worden. In diesem Zusammenhang kam die Überlegung auf, das Ereignis von 1970 zu würdigen. „Das Ganze mündete im Erfurter Denkmalstreit“, führt Steffen Raßloff aus. An einer 2006 gestarteten Ausschreibung beteiligten sich rund 130 Künstler. „Ein Berliner Künstler machte mit einer Kombination aus Leuchtschrift, Infoterminal und dem erleuchteten Brandt-Fenster schließlich das Rennen. Allerdings sorgte seine ursprünglich geplante Version *Willy komm ans Fenster* für Diskussionen. Die Erfurter wollten den authentischen Ruf in dem Denkmal verewigt sehen. Verständlich, denn der andere Willi – also Willi Stoph – war ja nicht gemeint.“

Man einigte sich schließlich auf den historischen Wortlaut. Am 20. Mai 2009 wurde das Denkmal auf dem Willy-Brandt-Platz eingeweiht. „Leider gehen recht selten die Blicke hinauf zu der Schrift“, bedauert Raßloff. „Gerade am Tag, wenn die Buchstaben nicht leuchten. Es ist ein Denkmal, das sich nicht unbedingt selbst erklärt.“

Mögen viele Menschen auf dem Willy-Brandt-Platz nach oben sehen und sich, neugierig geworden, auf Spurensuche begeben. Die Ereignisse an jenem Tag im März, das erste Aufblitzen des Mutes und der Stärke der DDR-Bürger, die 19 Jahre später friedlich die Mauer zum Einsturz brachten, sind es allemal wert.

Kerstin Hohlfeld

So geht's zum Schriftzug:

Der Schriftzug und das erleuchtete Fenster befinden sich am Willy-Brandt-Platz direkt gegenüber vom Hauptbahnhof.

Auch heute reiben sich Passanten ihre Augen, wenn sie die Bronzefiguren bemerken.

12

Statuen

Unsanft vom Sockel gestoßen

„Schau mal, Helga, da oben sind ja auf einmal Bronzefiguren“, sagt ein Passant und deutet an der Südseite des Rathauses nach oben. Seine Frau tut, wie ihr geheißen, und ist verblüfft: „Die Sockel waren doch immer leer?“ Szenen wie diese, sagt Erfurts ehemaliger Oberbürgermeister Manfred Ruge, spielten sich immer wieder ab. Obwohl die Statuen nun schon eine Weile, genauer seit dem Lutherjubiläum im Jahr 2017, dort oben stehen, haben viele Passanten sie noch nicht bemerkt.

Aber warum waren diese Sockel überhaupt leer? Wie kommt es, dass sich dort nun wieder Statuen befinden? Und um wen handelt es sich bei den Herren überhaupt? Ruge stellt vor: „Das sind Stadtpatron Bonifatius und Martin Luther. Ihre Vorgänger waren Kaiser Friedrich I. Barbarossa auf der linken Seite und Barbablanca, also Kaiser Wilhelm I., auf der rechten." Zwei Sandsteinfiguren, die, geschaffen von Bildhauer Prof. Georg Kugel (1848-1930), 1876 am kurz zuvor fertiggestellten Rathaus angebracht worden waren. Dass die Wahl auf die beiden gekrönten Häupter gefallen war, kam nicht von ungefähr: „Damit wollte man symbolisch das verklärte alte Kaiserreich des Mittelalters mit dem neuen preußisch-kleindeutschen Nationalstaat von 1871 in Verbindung setzen", schreibt Dr. Steffen Raßloff in einem Artikel über die Figuren. Doch in der Mitte des 20. Jahrhunderts wurden sie unsanft von ihren Sockeln gestoßen: Eine Zeit lang hielt sich hartnäckig das Gerücht, die Russen, die Erfurt im Sommer 1945 von den Amerikanern übernahmen, hätten die Figuren entwendet, doch dann fanden sich Fotos, die Ende der 1940er-Jahre aufgenommen worden waren und auf denen die Figuren noch deutlich zu sehen waren. Damit war klar, dass ihr Verschwinden andere Gründe und vor allem andere Initiatoren haben musste. In der Tat wollte sich der SED-dominierte Stadtrat so gar nicht mit den Sandsteinherren und der alten Monarchie, die sie repräsentierten, anfreunden und holte sie von ihren Sockeln, die bis 2017 leer blieben.

„Das sind Stadtpatron Bonifatius und Martin Luther. Ihre Vorgänger waren Kaiser Friedrich I. Barbarossa auf der linken Seite und Barbablanca, also Kaiser Wilhelm I., auf der rechten."

Diese leeren Sockel haben Manfred Ruge während seiner 16-jährigen Amtszeit immer wieder irritiert. Zeit, sich darum zu kümmern, hatte er nicht, allein die Altstadtsanierung, für die er heute noch in Erfurt hoch geachtet und geehrt wird, hätte ausgereicht, um fünf Oberbürgermeister in Vollzeit zu beschäftigen. Doch dann, 2006, war Manfred Ruges Zeit als OB zu Ende, und als er die nun einkehrende Ruhe ein wenig genossen hatte, beschloss er 2017, die Sache mit den leeren Sockeln vor dem Rathaus anzugehen. „Im Ruhestand hat man Zeit für Projekte", sagt er und schmunzelt. Die Sache mit den Figuren wurde zu einem Projekt des Rotary Clubs Erfurt, der Alt-OB und die Rotarier sammelten Geld für neue Figuren, geschaffen vom Erfurter Künstler Christian Paschold. Naheliegend, dass eine der beiden Figuren der Stadtpatron Bonifatius sein sollte. Statt der für ihn so typischen Attribute Schwert und Buch hält er aber eine Kirche im Arm, was wiederum auf seine Eigenschaft als Schutzpatron der Stadt verweist. Ihm zur Seite steht Martin Luther, ausgesprochen passend, da diese Konstellation als Symbol für die Gleichberechtigung von Katholiken und Protestanten gewertet werden kann.

Manfred Ruge vor seiner alten Wirkungsstätte, dem Rathaus.

Ein Reformator und ein Patron als Nachfolger der beiden deutschen Kaiser. Sachen gibt's!

Eva-Maria Bast

So geht's zu den Statuen:

Sie befinden sich an der Rathausfassade am Fischmarkt rechts und links neben dem Balkon.

Ein Mann mit zwei Frauen – eine ungewöhnliche Konstellation für eine Grabplatte.

13

Grabplatte

Sagenhafte Ménage-à-trois

Die steinerne Grabplatte an der Südwand des Erfurter Doms fällt nicht nur aufgrund ihrer Größe auf. Epitaphe für gemeinsam bestattete Eheleute sind in Kirchen keine Seltenheit. Dass aber in diesem Fall ein Mann mit zwei Frauen an seiner Seite dargestellt wird, ist eher ungewöhnlich. „Bei dem Herrn in der Mitte handelt es sich um den Grafen von Gleichen", weiß Gästeführerin Birgitt Röder. „Um ihn rankt sich eine der berühmtesten Thüringer Sagen."

Wer von Erfurt nach Eisenach fährt, kommt an drei Burgen vorbei, die „Drei Gleichen" genannt. Trotz der übergreifenden Bezeichnung unterscheiden sie sich nicht nur äußerlich, sondern auch in ihrer Entstehungsgeschichte, und sie tragen unterschiedliche Namen: Mühlburg, Wachsenburg und Burg Gleichen. „1231 begab es sich bei einem Gewitter, dass auf allen drei Burgen zur gleichen Zeit ein Blitz einschlug und Feuer ausbrach", erzählt die Stadtkennerin. „So kamen sie zu ihrem Spitznamen."

Auf der Burg Gleichen residierten seit 1162 die gleichnamigen Grafen, die seit dem 12. Jahrhundert die Stadtvögte Erfurts waren (siehe Geheimnis 46). Und um einen der ihren dreht sich besagte Legende. Die wohl bekannteste Version stammt aus der Feder des Schriftstellers und Archivars Ludwig Bechstein (1801-1860), der sie 1837 in seine *Sagen aus Thüringens Vorzeit* aufnahm. Ihm zufolge war es Graf Ernst III. von Gleichen, der 1227 zu einem Kreuzzug gegen die Sarazenen aufbrach. Bei einem Ritt in die Wüste entfernte er sich zu weit von der Stadt Akkon, zu deren Schutz er abbestellt worden war, und geriet in die Gefangenschaft des Sultans. „Der Graf sollte umgebracht werden", setzt Birgitt Röder die Geschichte fort, „aber die Sultanstochter Melechsala verliebte sich in ihn und erwirkte seine Begnadigung."

Viele Jahre musste der Gefangene als Sklave in den Gärten des fremden Herrschers dienen – bis er auf einen Vorschlag der Schönen aus dem Morgenland einging. „Da bot sie ihm Befreiung, sich selbst und alle ihre Schätze an, wenn er sie zum eheligen Weib nehmen und mit ihr entfliehen wolle", schreibt Bechstein. Der Graf meldete ernsthafte Bedenken an – denn: Er hatte zu Hause bereits eine Ehefrau. Da Melechsala jedoch bereit war, zum Christentum zu konvertieren, und er keine andere Möglichkeit sah, seiner Gefangenschaft zu entkommen, willigte er ein und floh mit ihr.

In Rom wurde die Sultanstochter getauft, und der Papst persönlich soll dem Grafen seine Erlaubnis für die Doppelehe erteilt haben. Zurück auf der Gleichenburg musste er nur noch das Einverständnis seiner ersten Frau einholen, aber auch die schien keine Einwände zu haben. „Sie war gar nicht böse, sondern heilfroh, dass ihr Ritter unversehrt wiederkehrte, und so lebten sie glücklich zu dritt", schildert Birgitt Röder das Ende der Sage, die in Wandgemälden im Erfurter Rathaus festgehalten wurde.

Neben Ludwig Bechstein haben auch andere die Geschichte des „zweibeweibten Grafen" medial verarbeitet und verändert. Erstmalige Erwähnung fand sie 1539 in einem Brief, den Philipp I. von Hessen (1504-1567) an Martin Luther (1483-1546) schickte. Der

Landgraf bat den Reformator in seinem Schreiben um die Erlaubnis, Margarethe von der Saale (1522-1566) zur zweiten Gemahlin nehmen zu dürfen. Er berief sich dabei auf die Doppelehe des Grafen von Gleichen und dessen päpstlichen Segen – und kam damit durch.

Ob es sich bei dem Trio auf der Grabplatte, die 1813 von der Peterskirche in den Mariendom verlegt wurde, tatsächlich um Graf Ernst und seine beiden Frauen handelt, ist nicht gänzlich gesichert, obwohl eine ebenerdige Inschrift zu Füßen des Reliefs dies besagt. Der Autor Manfred Paasch hingegen schreibt in *Literarische Spaziergänge durch Erfurt*, es sei Ernsts Bruder Lambert II. von Gleichen „mit seiner ersten Ehefrau Ottilia und mit jener Frau, die er nach Ottilias Tod heiratete", dargestellt. Häufig werde auch erläutert, es handle sich um Ehefrau und Schwiegermutter, so Birgitt Röder.

„Um ihn rankt sich eine der berühmtesten Thüringer Sagen."

„Mir gefällt ja die andere Geschichte besser", verrät die Gästeführerin schmunzelnd. Johann Wolfgang von Goethe (1749-1832) offenbar auch. Der Dichterfürst nahm sich des Sagenstoffs in seinem Trauerspiel *Stella* an und fasste das Schicksal des Grafen von Gleichen und seiner Ehefrauen mit den Worten zusammen: „Und ihr Glück und ihre Liebe fasste seelig Eine Wohnung, Ein Bett, und Ein Grab."

Elena de F. Oliveira

So geht's zur Grabplatte:

Sie befindet sich an der Südwand des Mariendoms mit der Adresse Domstufen 1.

14

Zugemauerte Fenster

Als Napoleon sich genierte

Die südliche Fassade des Gebäudes in der Regierungsstraße 72, aufgrund eines ab 1904 hier ansässigen Gasthofes auch Haus Vaterland genannt, zieren viele Fenster. Rechterhand verläuft die Markgrafengasse, an die sich wiederum ein imposantes Barockbauwerk anschließt, das einst als Kurmainzische Statthalterei erbaut wurde und heute die Thüringer Staatskanzlei beherbergt. Durch das Nachbargebäude zu seiner Rechten gelangt von Osten her nicht besonders viel Licht durch die wenigen Fenster des Haus Vaterland, die auf die Markgrafengasse hinausgehen. Und dennoch wurden wohl einst Maßnahmen ergriffen, um noch weniger Sonnenstrahlen hineinzulassen: Zwei der Fenster wurden zugemauert.

Diese bauliche Maßnahme betraf niemand Geringeren als Johann Wolfgang von Goethe (1749-1832). „Das Gebäude, das damals noch Haus zum güldenen Stern hieß, war seit 1605 das herzoglich-weimarische Geleitshaus. Hier logierte Goethe während seiner Aufenthalte in Erfurt", erklärt Stadtführerin Ulrike Aschenbach. Der Grund, weshalb die Fenster am Geleitshaus zugemauert wurden, hat aber vielmehr mit dem Barockbau nebenan zu tun, und dessen Geschichte reicht noch ein wenig weiter zurück als die Besuche des Dichterfürsten.

Schon seit dem 8. Jahrhundert unterstand Erfurt dem Erzbistum Mainz. Ab der Mitte des 12. Jahrhunderts erkämpfte sich die Bürgerschaft jedoch zunehmend ihre Autonomie zurück, sodass Mainz um 1250 die Verwaltung der Stadt dem Erfurter Rat überließ. „Nach dem Ende des Dreißigjährigen Kriegs 1648 verlangte der Mainzer Kurfürst und Erzbischof Johann Philipp von Schönborn die vollständige Wiederherstellung seiner weltlichen Herrschaft über Erfurt", beginnt Ulrike Aschenbach zu erzählen. „Die Erfurter hatten im Krieg ab 1631 aufseiten der Protestanten gekämpft. Ihr

Gästeführerin Ulrike Aschenbach weiß, warum durch diese Fenster kein Licht mehr fällt.

katholischer Landesherr war davon natürlich nicht begeistert und wollte sich nicht länger von ihnen auf der Nase herumtanzen lassen." Zur Überwachung der Stadt wurde ab 1665 die Zitadelle Petersburg errichtet.

„Zudem wurden Statthalter eingesetzt, die den Erfurter Stadtrat sukzessive ablösten und die Rechte der Stadt einschränkten", fährt Ulrike Aschenbach fort. „Um ihre Macht nach außen zu demonstrieren, benötigten diese Stellvertreter des Kurfürsten ein repräsentatives Gebäude und errichteten die Kurmainzische Statthalterei." Einem der Statthalter, Anselm Franz Ernst von Warsberg (1680-1760), war das aber nicht genug. „Um die Statthalterei herum standen ursprünglich verschiedene Fachwerkhäuser, die kaufte er auf und ließ sie in den 1740er-Jahren abreißen, um stattdessen den Hirschgarten auf dem Gelände zu errichten, ein Wildgehege mitten in der Stadt", weiß die Gästeführerin. Noch heute trägt die Parkanlage südlich der Staatskanzlei den Namen Hirschgarten. Der Hauptgrund, weshalb Warsberg die benachbarten Bauten dem Erdboden gleichmachte, war allerdings, dass er sich in seiner Privatsphäre gestört fühlte. „Er wollte nicht, dass ihm jemand dabei zuschauen konnte, wenn er sein Bankett abhielt oder frühstückte", führt Aschenbach aus.

Bis 1802 fungierte der Barockbau als Kurmainzische Statthalterei, dann kurze Zeit als Sitz des preußischen Militärgouverneurs und schließlich ab 1806 unter französischer Herrschaft als Kaiserlicher Palast. „Auch ein Napoleon Bonaparte hat es sich natürlich nicht nehmen lassen, während seiner Aufenthalte in Erfurt in einem so schönen, repräsentativen Gebäude zu nächtigen und hier den Großteil seiner Treffen abzuhalten", kommentiert Ulrike Aschenbach und gibt einen entscheiden Hinweis für die Geschichte der zugemauerten Fenster: „Napoleons Schlafzimmer befand sich im ersten Obergeschoss des Barockflügels vorne links."

Erwiesenermaßen war der französische Kaiser 1807 für einige Zeit in Erfurt und hielt dort im Herbst des darauffolgenden Jahres den Erfurter Fürstenkongress ab, bei dem er mit dem russischen Zaren Alexander I. (1777-1825) zusammentraf. „Was sein Quartier anging, hatte Napoleon wohl ganz ähnliche Bedenken wie der kurmainzische Statthalter", berichtet die Stadtkennerin, „nämlich: Was, wenn mich jemand beim Umkleiden beobachtet? Also ließ er das seinen Räumlichkeiten gegenüberliegende Fenster am Nachbargebäude zumauern, damit ihm niemand reinschauen konnte." Ein weiterer gewichtiger Grund dafür war, dass Napoleon (1769-1821) und Zar Alexander I. bei ihren politischen Verhandlungen ungestört bleiben sollten.

Bei dem betroffenen Nachbargebäude handelte es sich um das Geleitshaus, in dem Goethe im ersten Stock auf Augenhöhe mit Napoleon logierte. Falls der Dichter über die Beschränkung seiner Lichtzufuhr verstimmt gewesen sein sollte, so konnte er sicher spätestens darüber hinwegsehen, als er am 2. Oktober 1808 zu einer morgendlichen Audienz beim Kaiser geladen war. „Nach einer etwa einstündigen Unterhaltung sagte Napoleon zu Goethe: ‚Vous êtes un homme!' Also etwa: Ihr seid ein wahrer Mann", schildert Ulrike Aschenbach den Ausgang des Treffens. Auch Goethes eigener Rückschau zufolge hinterließ die Begegnung bleibenden Eindruck: „Ich will gerne gestehen, daß mir in meinem Leben nicht Höheres und Erfreulicheres begegnen konnte, als vor dem französischen Kaiser zu stehen." Auch wenn sein Fenster nicht zugemauert worden wäre: Nach einer solchen Ehrerbietung hätte Goethe sicher so viel Anstand bewiesen, nicht nach Napoleons Unterhose zu schielen.

„Hier logierte Goethe während seiner Aufenthalte in Erfurt."

Elena de F. Oliveira

So geht's zu den zugemauerten Fenstern:

Sie befinden sich an der rechten Seite des Hauses in der Regierungsstraße 72 und gehen auf die Markgrafengasse hinaus.

STUBE
Kreuzgasse

15

Schild

Viel mehr als nur eine Straße

Manchmal verhält es sich mit der Geschichte wie mit dem berühmten Wald und seinen Bäumen: Man sieht sie einfach nicht – denn man steht bereits mittendrin. Um Geschichte sichtbar zu machen und lebendig zu halten, sind Schilder häufig ein beliebtes Mittel. So auch die Straßenschilder, die in der Innenstadt Erfurts ergänzend zu den offiziellen Straßennamen auf die historischen Bezeichnungen verweisen. Eines davon befindet sich am westlichen Ende der Krämerbrücke am Eingang zur Kreuzgasse. *Unter den Juden* ist darauf zu lesen. „Eigentlich greift das aber nicht weit genug", sagt Kunsthistorikerin Dr. Maria Stürzebecher. „Denn nicht nur die Straße hieß so, sondern *inter iudeos*, also *Unter den Juden*, war die allgemeine Bezeichnung für das ganze Viertel."

Da der Bau der ältesten Synagoge der Stadt auf das Ende des 11. Jahrhunderts zurückgeht, gab es wohl bereits zu dieser Zeit auch eine jüdische Gemeinde in Erfurt. Doch erst im 12. und 13. Jahrhundert lässt sie sich schriftlich nachweisen. Das Leben der Erfurter Juden spielte sich mitten im Zentrum der Stadt ab. Hier befanden sich neben der Synagoge auch die Mikwe, ein jüdisches Ritualbad, und ihre Wohnhäuser. Obwohl auf den ersten Blick nicht sichtbar, haben sich die mittelalterlichen Strukturen des Quartiers bis heute erhalten. „Hinter den modernen Fassaden der Häuser verbergen sich oft mittelalterliche Keller", verrät Maria Stürzebecher. „Auch die Topographie der damaligen Zeit lässt sich nachvollziehen. Wo die Straßen und Gassen verliefen, wo welche Kirche saß, denn die Wegeführung ist bis heute erhalten. Aber das ist natürlich in dem Sinne nichts Sichtbares, und daher wissen die wenigsten, dass das Herz unserer Altstadt eigentlich das jüdische Viertel des Mittelalters ist", stellt die Erfurterin fest.

Kunsthistorikerin Dr. Maria Stürzebecher vor den Schildern am Eingang zur Kreuzgasse.

Das, was heute in der Stadt von Erfurter Juden des Mittelalters zeugt, wie die Alte Synagoge oder die 2007 ausgegrabene Mikwe, besitzt zwar eine weit zurückreichende Vergangenheit, die Auseinandersetzung mit der jüdischen Geschichte vor Ort ist aber relativ jung. „Es gab im 19. und im frühen 20. Jahrhundert durchaus Wissenschaftler, die sich damit beschäftigt haben, vor allem Erfurter Rabbiner, aber mit der Machtergreifung der Nationalsozialisten in den 1930er-Jahren kam die Forschung zum Erliegen“, erzählt die Kunsthistorikerin. Auch zu DDR-Zeiten sei die Aufarbeitung dieses Kapitels kein Thema gewesen. „Erst mit der Entdeckung des Erfurter Schatzes wurde das Bewusstsein für dieses reiche Erbe wieder geweckt“, fügt sie hinzu.

1998 kam bei bauarchäologischen Untersuchungen in der Nähe der Alten Synagoge ein ganz besonderes Kleinod zum Vorschein, das wohl knapp 650 Jahre in der Erde geruht hatte. Der Schatz besteht aus zahlreichen silbernen Münzen, Barren, Geschirr und diversen Schmuckstücken. „Der Besitzer war wahrscheinlich Kalman von Wiehe, ein jüdischer Bankier“, berichtet Stürzebecher. „Nach den Steuerlisten aus dem 14. Jahrhundert war er der letzte Eigentümer des Grundstücks, auf dem der Schatz gefunden wurde.“ Und Kalman von Wiehe war es wohl auch, der sein Hab und Gut 1349 vergrub, in der Hoffnung, es eines Tages wieder heben zu können. Doch es sollte anders kommen. „Wir wissen, dass es am 21. März 1349 in Erfurt ein Pogrom gegeben hat, bei dem im Grunde die ganze jüdische Bevölkerung hier ermordet worden ist“, fährt die Erfurterin fort. Es sei kein Zufall gewesen, dass das Pogrom ausgerechnet am Schabbat stattgefunden habe. „Da waren die Männer in der Synagoge, und man

Bis 1826 trug die Kreuzgasse den Namen Unter den Juden.

konnte sie gesammelt angreifen“, erklärt sie und ergänzt: „Das ganze Quartier brannte damals ab.“

Die Ausschreitungen gegen die etwa 500 Mitglieder fassende jüdische Gemeinde markieren auch den Zeitpunkt, zu dem der Schatz unter die Erde kam – und dort blieb, denn auch Kalman von Wiehe befand sich nachweislich unter den Opfern. Dass er seinen Besitz im Vorfeld verbarg, spricht dafür, dass das Pogrom nicht völlig unvorbereitet geschah. „Man ahnte damals bestimmt, dass etwas passieren würde“, ist auch Stürzebecher überzeugt, „denn das war die Zeit, als Juden in ganz Europa unter dem Vorwand angegriffen wurden, dass sie die Pest verursacht hätten. Obwohl die Pest meistens viel später ausbrach, als die Pogrome stattfanden.“ Der Erfurter Bankier war nicht der Einzige, der aus Angst vor Verfolgung sein wertvolles Eigentum in Sicherheit brachte. Historische Stadtrechnungen ergaben, dass nach dem Pogrom im ganzen Quartier Wertsachen gefunden wurden, die ein Dreißigfaches von Kalman von Wiehes Schatz wert waren. „Die Stadt übernahm aber nicht nur das reale Hab und Gut der ermordeten Juden, sondern trieb auch die Schulden der von ihnen vergebenen Kredite ein“, weiß Stürzebecher.

„Erst mit der Entdeckung des Erfurter Schatzes wurde das Bewusstsein für dieses reiche Erbe wieder geweckt.“

Wenige Jahre nach den Übergriffen siedelten sich ab 1354 erneut jüdische Familien in Erfurt an, gründeten eine Gemeinde und nutzten eine neu errichtete Synagoge, nachdem die alte zu einem Lagerhaus umfunktioniert worden war.

Infolge der zunehmend feindseligen Stimmung im 15. Jahrhundert verließen die Juden die Stadt knapp 100 Jahre später wieder, da der Erfurter Rat ihnen 1453 den Schutz aufkündigte. Gegen eine Abschlagszahlung erhielt Erfurt 1458 von seinem Landesherrn, dem Mainzer Erzbischof, die Erlaubnis, fürderhin keine Juden in der Stadt dulden zu müssen. „Dieses Ansiedlungsverbot galt im Grunde bis zum Beginn des 19. Jahrhunderts“, erzählt die Kunsthistorikerin. Erst 1810 erhielten Juden wieder das Bürgerrecht in Erfurt und wurden als religiöse Gemeinde anerkannt. „Der nächste große Bruch fand natürlich mit dem Holocaust statt", fährt Maria Stürzebecher in der Geschichte fort. „Und noch Jahre später, zu DDR-Zeiten, war die jüdische Gemeinde unglaublich klein, sodass es zur Wende nur eine Handvoll Juden in Erfurt gab."

Der Schatzfund 1998 war ein echter Glücksfall, durch den die Beschäftigung mit der jüdischen Geschichte der Stadt wieder aufblühte. Auch die mittelalterliche Alte Synagoge wurde erst in den 90er-Jahren quasi wiederentdeckt. „Die war von allen Seiten eingebaut und gar nicht sichtbar", beschreibt die Erfurterin. „Durch die ganzen jahrhundertelangen Veränderungen war sie eigentlich aus dem Stadtbild verschwunden und damit auch aus der Wahrnehmung. Allerdings ist das auch der Grund, weshalb sie von den Nazis nicht zerstört wurde."

Nachdem die Synagoge all die Zeit erst als Lagerhaus und ab dem späten 19. Jahrhundert bis Ende der 1980er-Jahre zu gastronomischen Zwecken genutzt wurde, kaufte die Stadt das Gebäude. Saniert und baugeschichtlich erforscht, beheimatet die Alte Synagoge seit 2009 als Museum auch den Erfurter Schatz. Das wohl bedeutendste Objekt ist ein jüdischer Hochzeitsring, den Maria Stürzebecher auf das zweite Viertel des 14. Jahrhunderts datiert. „Als er vergraben wurde, war er also noch sehr neu und wurde vermutlich auch kurz vor dem Pogrom getragen", schätzt die Kunsthistorikerin. Im Mittelalter war ein solcher Ring ein typischer Bestandteil der jüdischen Hochzeitszeremonie. Mit der Übergabe ging er als Wertanlage in den Besitz der Frau über. „Wir haben heute nur noch drei Hochzeitsringe aus dieser Zeit, und alle stammen aus Funden von Schätzen, die vor einem Pogrom verborgen wurden", berichtet die Erfurterin. „Das heißt aber auch, dass die Menschen, die ihn bei ihrer Hochzeit getragen haben, kurz darauf umgebracht wurden. Das Paradoxe ist, dass alles, was wir hier zeigen, mit dem Pogrom von 1349 zusammenhängt." Ein Gedanke, der die Bearbeitung eines solchen Fundes einerseits erschwert, ihrer Ansicht nach aber auch notwendig ist: „Die Stücke sind zum Teil zauberhaft schön und

„Das Paradoxe ist, dass alles, was wir hier zeigen, mit dem Pogrom von 1349 zusammenhängt."

wunderbar gearbeitet, und man soll sich ja auch daran erfreuen. Aber man muss dabei auch immer mitdenken, dass wir das heute nicht hätten, wenn nicht die Besitzer damals ermordet worden wären."

Die Menge an mittelalterlicher Substanz, die noch erhalten ist, macht Erfurt in den Augen der Kunsthistorikerin so außergewöhnlich. „Wir haben eine Synagoge, eine Mikwe, profane Gebäude und dann natürlich den Schatz sowie Handschriften aus dem Mittelalter", zählt Maria Stürzebecher auf. „So viele bauliche und sachliche Zeugen, die wirklich authentisch aus der Stadt und aus jener Zeit stammen, das gibt es nur an sehr wenigen Orten." Und neben all dem zeugt eben auch das Stadtzentrum selbst von seinem jüdisch geprägten Ursprung, woran das Schild *Unter den Juden* erinnert. Auch wenn Geschichte sich nicht auf den ersten Blick zu erkennen gibt, ist sie doch immer da. Man muss nur ihn nur finden – den kleinen Baum im Wald der Geschichte.

„Wir wissen, dass es am 21. März 1349 in Erfurt ein Pogrom gegeben hat, bei dem im Grunde die ganze jüdische Bevölkerung hier ermordet worden ist."

Elena de F. Oliveira

So geht's zum Schild:

Das Straßenschild hängt am Eingang zur Kreuzgasse am westlichen Ende der Krämerbrücke.

Zu den Füßen Luthers liegt eine kaum beachtete Papierrolle.

16

Schriftrolle

Post aus Rom zu Luthers Füßen

Mit der aufgeschlagenen Bibel in den Händen steht der bronzene Martin Luther (1483-1546) auf seinem Sockel und überschaut den nördlichen Anger. Hinter ihm erhebt sich die Kaufmannskirche, in der der Reformator am 22. Oktober 1522 seine bedeutende „Predigt vom Kreuz und Leiden eines rechten Christenmenschen" hielt. An drei Seiten des Sockels stellen Relieftafeln wichtige Szenen aus dem Leben Luthers dar. Die eine zeigt ihn als Laute spielenden Studenten, die zweite seinen Eintritt ins Augustinerkloster, und auf der dritten Tafel ist der Empfang des Theologen zu sehen, als er 1521 wieder in Erfurt eintrifft.

Bei allen Offensichtlichkeiten, die die 2,25 Meter große Skulptur auf den ersten Blick preisgibt, birgt das Denkmal ein Detail, das sich nicht sofort zu erkennen gibt. „Was kaum jemandem auffällt, ist die kleine Schriftrolle, die sich unter Luthers rechtem Fuß befindet", verrät Martin Fricke. Der Namensvetter des Reformators hat sich eingehend mit dem Leben und Wirken Martin Luthers beschäftigt und weiß daher einiges über dessen Werdegang zu berichten.

„Der in Eisleben geborene Luther kam 1501 nach Erfurt und war damals natürlich noch katholisch", beginnt Fricke zu erzählen. „Er absolvierte hier zunächst das philosophische Grundstudium und begann anschließend, Rechtswissenschaften zu studieren. Danach sollte er eigentlich in das Bergbauunternehmen seines Vaters einsteigen." Im Erfurter Studentenleben ging es – zumindest nachts, wenn man den strengen Regeln der Wohnheime, den sogenannten Bursen, entkommen konnte – recht lustig zu. Aus diesen Eskapaden hielt Luther sich aber weitgehend heraus. „Während andere sich betranken und prügelten, wandte er sich vermehrt der Musik zu und spielte Laute", bestätigt der Experte.

„Sie alle wurden zu Häretikern erklärt, also Ketzern, die einem Irrglauben anhingen."

Anfang Juli 1505, wenige Wochen nach dem Beginn seines Jurastudiums, befand sich Martin Luther auf dem Weg von seinem Elternhaus in Mansfeld zurück nach Erfurt. „Dort kam es in der Nähe des Dorfes Stotternheim zu einem Ereignis, das die europäische Geschichte verändern sollte", sagt Fricke. Der Legende nach wurde Luther auf seiner Rückreise von einem schweren Sommergewitter überrascht. „Von einem neben ihm einschlagenden Blitz in Todesangst versetzt, bat er in einem Ausruf die heilige Anna, die Patronin der Bergleute, um Hilfe und gelobte, ein Mönch zu werden", schildert der Luther-Kenner den folgenschweren Vorfall. Tatsächlich hielt Luther schon zwei Wochen später Wort, nahm Abschied von seinen Freunden und trat in das Erfurter Augustinerkloster ein, nachdem zunächst einmal überprüft worden war, ob der angehende Novize ansteckende Krankheiten oder Schulden mitbrachte und ob er bei jemandem in Leibeigenschaft stand.

Luthers Sinneswandel wurde nicht durchgehend wohlwollend aufgenommen. „Sein Vater war schwer enttäuscht darüber, dass sein Sohn ins Kloster ging, nachdem er ihm jahrelang das Studium finanziert hatte", weiß Martin Fricke. „Aber er hat sich später wieder mit ihm versöhnt, denn Hans Luther deutete es wohl als ein göttliches Zeichen, dass sein Sohn von der Pest verschont blieb." 1507 wurde der im Jahr zuvor zum Mönch ernannte Martin Luther erneut Student an der Hierana, dieses Mal der Theologie. Bis 1511 wohnte er in Erfurt, bevor er endgültig nach Wittenberg übersiedelte.

Der junge Gelehrte befand sich auf der Durchreise zum Reichstag in Worms, als er 1521 seiner Alma Mater einen Besuch abstattete und feierlich in Erfurt begrüßt wurde. In der Zwischenzeit hatten sich seine 95 Thesen gegen die Praxis des Ablasshandels, die 1517 große Aufmerksamkeit erregt hatten, durch den Buchdruck in Windeseile verbreitet, und Luther war als Ketzer angeprangert worden. Die 1520 auf dem Fuße folgende Antwort von Papst Leo X. (1475-1521), eine Bannandrohungsbulle, verbrannte Luther – ein symbolischer Bruch mit der katholischen Kirche. Da er nicht bereit war, seine Thesen zu widerrufen, erfolgte kurz darauf am 3. Januar 1521 seine endgültige Exkommunikation durch eine zweite Bannbulle. „Diese Bannbulle schloss aber nicht nur Luther selbst ein", bemerkt Fricke, „sondern auch jeden seiner Anhänger und Unterstützer. Sie alle wurden zu Häretikern erklärt, also Ketzern, die einem Irrglauben anhingen."

Martin Fricke steht vor dem überlebensgroßen bronzenen Ebenbild seines Namensvetters.

An dieser Stelle lenkt der Experte die Aufmerksamkeit zurück auf die Bronzestatue. 1889 wurde zu Luthers Ehren das Denkmal neben der Kaufmannskirche errichtet. „Schelmische Katholiken würden sagen, da steht er nun, der Reformator, mit dem Rücken zur evangelischen Kirche, und schielt zu den Ursulinennonnen auf der anderen Seite des Angers hinüber", sagt Fricke mit einem Augenzwinkern.

Den Auftrag für die Skulptur hatte der Berliner Bildhauer Fritz Schaper (1841-1919) erhalten, dessen Urheberschaft am oberen Sockelrand rechts neben dem runden Siegel vermerkt ist, das von der besagten Papierrolle herabhängt. „Und bei der Rolle unter Luthers Fuß handelt es sich um ebenjene Bannbulle mit dem päpstlichen Siegel. Ein kleines, aber umso wichtigeres Detail, denn sie symbolisiert die konfessionelle Spaltung der Kirche und damit die Geburtsstunde des Protestantismus", erläutert Fricke und offenbart noch ein weiteres Geheimnis rund um das bildhauerische Element: „Was viele außerdem nicht wissen: Der Bann von 1521 wurde nie zurückgenommen."

„Während andere sich betranken und prügelten, wandte er sich vermehrt der Musik zu und spielte Laute."

Wie Martin Luther das wohl gesehen hätte? Zumindest Schapers Entwurf zufolge stand er aufrecht und selbstbewusst im wahrsten Sinne über der päpstlichen Anordnung.

Elena de F. Oliveira

So geht's zur Schriftrolle:

Die Schriftrolle ist Bestandteil des Luther-Denkmals, das am nordöstlichen Ende des Angers auf dem Platz südlich der Kaufmannskirche steht.

Sitzsteinportal

Klatsch, Tratsch und Liebesschwüre

Was fehlt denn hier? Links und rechts der Eingangstür ragen kleine, runde Sockel aus dem Portal, die irgendwie leer wirken. Ob sie einst als Platz für Blumenvasen oder Figuren dienten, die den Hauseingang zierten? „Man könnte sie dazu natürlich zweckentfremden", räumt Gästeführerin Ulrike Aschenbach ein. „Eigentlich waren sie jedoch als Sitzgelegenheit gedacht. Daher heißen sie Sitzsteine." Diese Sitzsteine finden sich an vielen Erfurter Häusern. Doch ihre Höhe macht es bisweilen schwierig, sie als solche zu erkennen. „Mit der Zeit hat sich das Straßenniveau zum Teil so stark angehoben, dass viele von ihnen fast im Boden versunken sind", erläutert die Stadtkennerin.

Zusammen mit dem Rundbogenportal bilden die steinernen Sockel ein sogenanntes Sitzstein- oder Sitznischenportal. Um ihre Funktion ranken sich diverse Theorien. Da sie häufig an belebten Verkehrswegen errichtet wurden, dienten sie sehr wahrscheinlich als Treffpunkt für Einheimische und Reisende. „Aufgrund der wichtigen Handelsstraßen, die in Erfurt zusammenliefen, kamen hier Händler und Pilger aus allen Himmelsrichtungen vorbei", erzählt Ulrike Aschenbach. „Die Hausbewohner ließen sich auf den Sitzsteinen am Straßenrand nieder, beobachteten das Treiben in der Stadt und unterhielten sich mit den Fremden. Wer gerade aus Frankreich kam, beschrieb die neueste Mode, und wer aus dem tiefsten Osten kam, berichtete, was die wilden Barbaren so trieben." Natürlich habe man aber nicht nur Nachrichten ausgetauscht, sondern auch Klatsch und Tratsch. „Deswegen nennen die Erfurter die Steine auch manchmal Tratschsteine", sagt die Gästeführerin.

Einer weiteren Theorie zufolge, die allerdings mit einem Fragezeichen versehen werden müsse, seien die öffentlichen Sitzgelegenheiten auch bei heiratswilligen Damen sehr beliebt gewesen, so Ulrike Aschenbach. „Die noch unvermählte Tochter des Hauses saß

Wem Ulrike Aschenbach wohl gerade etwas zuflüstert? Ihrer Gestik zufolge wird sie sein Geheimnis jedenfalls nicht verraten.

auf der einen Seite des Sitzsteinportals, gut ausstaffiert und in ihrer besten Kleidung, und schaute, ob nicht ein gut aussehender junger Mann vorbeikäme“, veranschaulicht sie das Szenario. Wenn ein potenzieller Heiratskandidat dabei war, der gefiel, lud die Dame ihn ein, auf dem anderen Sitzstein Platz zu nehmen. „Züchtiger Abstand war natürlich vorgegeben und durfte nicht unterschritten werden“, fährt die Stadtkennerin in ihrer Beschreibung fort. Die Sitzsteine gewährleisteten ebenjene sittsame Entfernung. In dieser von außen unverfänglich wirkenden Situation versuchten die beiden, sich bei einem Gespräch kennenzulernen. Weil den Inhalt der Unterhaltung nicht jeder mitbekommen sollte, der vorbeilief, wurde dabei aber nur geflüstert. „Das Gesagte sollte quasi innerhalb dieses Portals, in diesem Bogen bleiben. Das soll eine Erklärung für den Flüsterbogen sein“, verrät Aschenbach.

Die Funktion des Flüsterbogens basiert auf dem akustischen Effekt, dass die sogenannten Kehlungen – die gewölbten Rinnen, die im oberen runden Teil des Bogens verlaufen – den Schall von der einen Seite des Portals zur anderen transportieren. Wer also sein Ohr auf der rechten Seite nah an das Portal hielt, verstand, was auf der linken Seite in den Bogen hineingeflüstert wurde, und andersherum, ohne dass jemand von außen das Gespräch verfolgen konnte. Allerdings lässt sich diese akustische Besonderheit an den meisten Portalen leider nicht mehr nachweisen. Daher bleibt auch fraglich, ob auf Sitzsteinen tatsächlich heimlich Komplimente und Liebesschwüre ausgetauscht wurden. Ulrike Aschenbach findet jedoch: „Es ist nichtsdestotrotz eine wunderschöne Theorie.“

Elena de F. Oliveira

So geht's zum Sitzsteinportal:

Sitzsteinportale gibt es an vielen Erfurter Häusern. Ein besonders schönes Exemplar befindet sich an der nördlich gelegenen Rückseite der Krämerbrücke 17.

Dr. Steffen Raßloff am 1986 eingeweihten Denkmal für Juri Gagarin.

18

Juri-Gagarin-Denkmal

Weltraumpionier mit Sympathiebonus

Zuerst ein Satellit, dann ein Hund und schließlich ein Mensch – im Wettlauf um die Erforschung des Weltalls hatte die Sowjetunion Mitte des vergangenen Jahrhunderts klar die Nase vorn. Bereits 1957 schickte sie die Satelliten Sputnik 1 und 2 – letzterer mit Hündin Laika an Bord – ins All. Vier Jahre später war die UdSSR bereit für den ersten bemannten Weltraumflug. Am 12. April 1961 umrundete Juri Gagarin (1934-1968) in 106 Minuten an Bord der Wostok die Erde und kehrte wohlbehalten zurück.

Ob noch viele Erfurter wissen, was das für ein Gänsehautmoment war? Ob die Büste des jungen Kosmonauten, der bereits im Alter von 34 Jahren bei einem Übungsflug ums Leben kam, nicht langsam in Vergessenheit gerät? Handelt es sich hierbei schließlich um ein Relikt typischer sozialistischer Heldenverehrung!

„Juri Gagarin ist in gewisser Weise eine Ausnahmeerscheinung", erklärt der Historiker und Publizist Dr. Steffen Raßloff. „Der war tatsächlich unglaublich populär. Die 1960er-Jahre waren in der DDR eine Aufbruchszeit. Zum ersten Mal nach dem Krieg ging es ein bisschen bergauf – für die Bevölkerung, für die Wirtschaft. Es war wie ein Qualitätssprung. Und Juri Gagarin verkörperte mit seiner Herkunft und seiner sympathischen frischen Art diese neu anbrechende Zeit."

Juri Gagarin stammte aus einfachen Verhältnissen, er wurde am 9. März 1934 als Sohn eines Zimmermanns und einer Melkerin geboren und wuchs mit drei Geschwistern auf. Er beendete eine Ausbildung als Gießer und begann ein technisches Studium. Als Mitglied des Aeroklubs erlernte er das Fliegen. 1955 bestand er seine erste Flugprüfung und trat den sowjetischen Streitkräften bei. Ab 1960 wurde er für den Flug in den Weltraum ausgebildet.
„Er schien die Rolle als Volksheld gern und fröhlich anzunehmen", sagt Raßloff, „und war nach seinem Weltraumflug im gesamten Ostblock, aber auch in England und Frankreich unterwegs." Wo er hinkam, sei es in Ost oder West, feierte man ihn wie einen Star und er musste Autogramme geben. Der Ostblock schlachtete den ersten bemannten Weltraumflug nach Kräften propagandistisch aus. „Man darf den Kosmonauten-Hype nicht unterschätzen", erklärt Raßloff. „Was man in der Wirtschaft nicht geschafft hatte, versuchte man in diesem Bereich auszuspielen – die vermeintliche Überlegenheit des Sozialismus."

Im Oktober 1963 besuchte Juri Gagarin Erfurt. „Es war wie überall. Tausende Menschen jubelten ihm zu", weiß Raßloff, der Zeitzeugen befragt hat. „Er war ein sympathischer junger Typ, und obwohl die Leute natürlich zum Jubeln einbestellt waren, war doch sehr viel spontane echte Sympathie dabei. Natürlich ist er instrumentalisiert worden, aber das hat der Westen mit seinen Helden auch gemacht."

1964 wurde eine Ringstraße, die nach sowjetischem Vorbild angelegt und für deren Entstehung viele Altbauten weichen mussten, nach Juri Gagarin benannt, und am 12. April 1986 – 25 Jahre nach dem legendären Weltraumflug – wurde das Gagarin-Denkmal eingeweiht.

„Die Zeiten hatten sich geändert", sagt Dr. Steffen Raßloff. „Von der großen Euphorie der 1960er-Jahre war nicht mehr viel übrig. Als man die Büste aufstellte, die übrigens ein Abguss des Gagarin-Denkmals von Lew Kerbel auf der Moskauer Allee der Kosmonauten ist, war wenig spontaner Jubel zu hören, und der zur Einweihung bestellte erste Deutsche im Weltall, Sigmund Jähn, wirkte sehr zurückhaltend."

Nach der Wende stellte man sich auch in Erfurt die Frage: Was tun mit den sozialistischen Relikten? Entfernen oder stehen lassen? „Mit Abstand kann man das heute etwas entspannter sehen", sagt Dr. Raßloff zu dem Thema. „Es handelt sich bei Juri Gagarins Weltraumflug um einen enormen technischen Fortschritt in der Menschheitsgeschichte. Es war ein spektakulärer Durchbruch, und das wird mit dem Denkmal gewürdigt."

Die Fläche um den Kopf auf dem Marmorsockel ist im Jahre 2011 befestigt und mit Pflanzen verschönert worden. So bleibt die Büste, befreit von Ideologie, was sie eigentlich schon immer war: das Denkmal für den ersten bemannten Flug ins All und einen sympathischen jungen Kosmonauten.

Kerstin Hohlfeld

So geht's zum Juri-Gagarin-Denkmal:

Das Juri-Gagarin-Denkmal befindet sich an der Kreuzung Juri-Gagarin-Ring/Krämpferstraße.

In diesem Gebäudeteil des Klosters befand sich die theologische Ausbildungsstätte.

19

Ehemalige Predigerschule

Theologische Ausbildung in der DDR

Wer es nicht aus eigener Erfahrung kennt, der weiß zuweilen wenig bis nichts über das kirchliche Leben in der DDR. Und das ist nicht verwunderlich, versuchte die Regierung doch ab den 1950er-Jahren mit aller Macht, christlichen Einfluss aus dem öffentlichen Leben zu verdrängen. Religionsunterricht wurde aus den Schulen verbannt, christliche Jugendliche durften die Oberschule in vielen Fällen nicht besuchen, und junge Gemeinden wurden als illegale Organisationen abgestempelt. Die Repressalien wirkten: Waren 1945 noch 90 Prozent der Bürger im Osten Deutschlands Mitglieder der Kirche, so waren es 1989 nur noch 25 Prozent. So verwundert diese zuweilen erstaunt gestellte Frage nicht: In der DDR konnte man Theologie studieren?

Hartmut Lippold, Theologe und Oberkonsistorialrat a.D., zeigt auf einen sorgsam restaurierten Gebäudeteil im ehemaligen Augustinerkloster: „In diesen Räumen befand sich ab 1960 bis zu ihrer Schließung 1993 die Evangelische Predigerschule", erzählt er.

Theologie zu studieren war also möglich, und Lippold kann erzählen, wie es dazu kam. „Sie müssen sich vorstellen, in welch schwieriger Lage sich die Kirche nach dem Krieg im Allgemeinen und im Ostteil Deutschlands im Besonderen befand. Überall herrschte große Not, es gab kaum Personal in den Gemeinden, viele Kirchen waren im Krieg zerstört worden. Und vor allem die Menschen selbst: desillusioniert, traumatisiert, entwurzelt. Im Osten kam erschwerend hinzu, dass die SED – also die seit 1946 zwangsvereinigten Parteien KPD und SPD – sich die Auslöschung der Kirche auf die Fahnen geschrieben hatte. Das ging nicht so weit, dass die Kirche per se verboten wurde, aber man tat alles, um sie nach und nach auszuhöhlen und die Menschen von ihr wegzuholen."

„Die Anfänge der Schule waren engagiert – man schuf beinahe aus dem Nichts eine Möglichkeit, Theologie auf dem zweiten Bildungsweg zu studieren – aber zuweilen auch beschwerlich."

Die Kirche musste reagieren, sich vom Staat getrennt auf die eigenen Füße stellen. Und das tat sie, ordnete Verwaltung und Finanzen neu und gründete ihre eigenen Ausbildungsstätten, um auf die personelle Not der Gemeinden zu reagieren.

„Es gab neben all dem Schrecken und der teilweisen Abkehr von Gott auch eine andere, eine geistliche Kraft, die sich aus dem Getröstetwerden im Glauben, der Gemeinschaft und der Solidarität, die es ja im Krieg auch gegeben hatte, speiste. Und die den Wunsch nach einem Neuanfang hervorbrachte."

Die Predigerschule in Wittenberg nahm 1948 unter der Federführung von Propst Staemmler und Rektor Reusche, Geistlichen aus dem Kreis der Bekennenden Kirche, ihren Dienst auf. „Die Anfänge der Schule waren engagiert – man schuf beinahe aus dem Nichts eine Möglichkeit, Theologie auf dem zweiten Bildungsweg zu studieren – aber zuweilen auch beschwerlich", erinnert sich Hartmut Lippold. „Obwohl unsere Absolventen aus dem Gemeindeleben schon bald nicht mehr wegzudenken waren, gab es inner-

halb der Kirche noch lange Diskussionen auszufechten, ob die Absolventen der Predigerschule denen gleichzustellen seien, die ein akademisches Studium absolviert hatten." Durch ihren Praxisschwerpunkt und ihre erleichterten Zugangsvoraussetzungen unterschied sich die Ausbildung an der Predigerschule nämlich von der an den drei Kirchlichen Hochschulen in Naumburg, Leipzig und Berlin. Lippold erklärt: „Um bei uns studieren zu können, war kein Abitur vonnöten. Jungen Christen wurde in der DDR der Zugang zur Oberschule oft verwehrt, sie hätten also trotz großer Motivation nicht studieren können. Durch uns war es möglich."
1951 legte der erste Jahrgang sein Examen ab und trat in den kirchlichen Dienst ein. Im Jahr 1960 zog die Schule von Wittenberg nach Erfurt um. „In Wittenberg waren die Räumlichkeiten viel zu klein geworden, aber hier in Erfurt wurde das Augustinerkloster noch saniert. Richtig gute Arbeitsbedingungen hatten wir erst nach Abschluss der Arbeiten."

Hartmut Lippold im Renaissancehof des Augustinerklosters, dem Pausenhof der Predigerschule.

Hartmut Lippold, der von 1985 bis 1993 als Dozent an der Predigerschule wirkte und in der Zeit für drei Jahre (von 1987 bis 1990) ihr Rektor war, erzählt aus dem Leben der Studierenden und ihrer Dozenten: „Das Studium, dessen Basis natürlich in einer grundsoliden theologisch-wissenschaftlichen Ausbildung bestand, war sehr praxisnah ausgelegt. Die hier Studierenden – übrigens Männer wie Frauen – absolvierten bereits während des Studiums ein Semester lang ein Praktikum in einer Gemeinde, und sie waren darüber hinaus in der ganzen Ausbildungszeit immer wieder rege in das Gemeindeleben eingebunden, sei es bei Bibelwochen, in der Seelsorge oder beim Lektorendienst im Gottesdienst. Sie lernten durch ihre eigene Mitarbeit ihre spätere Tätigkeit von der Pieke auf kennen."

Als die Ausbildungsstätte im Jahr 1988 ihr 40-jähriges Jubiläum feierte, hatte sie bereits über 300 Absolventen in den kirchlichen Dienst entsandt.

Hartmut Lippold erinnert sich gern an die Gemeinschaft in der Predigerschule. „Wir Dozenten lebten mit den Studierenden in den Räumen des Augustinerklosters zusammen", sagt er. „Es war ein gutes, gedeihliches Miteinander, reichte neben dem Studium von Andachten und Gottesdiensten über gemeinsame Mahlzeiten und Studienfahrten bis hin zu Festen und Feiern."

Mit dem Ende des Frühjahrssemesters 1993 wurde die Evangelische Predigerschule vornehmlich aus finanziellen Gründen geschlossen. Fast zeitgleich gründete sich der Verein der Evangelischen Predigerschulgemeinschaft, dessen Vorsitzender Hartmut Lippold ist. „Wir bieten theologische Fortbildung an", sagt er. „Höhepunkt ist die jährliche Mitgliederversammlung, bei der ehemalige Studierende und Mitarbeiter zusammenkommen."

Mag sein, dass dabei manch wehmütiger Gedanke an längst vergangene Zeiten aufkommt. Die Evangelische Predigerschule Erfurt hat kirchliches Leben unter widrigen Umständen gehalten, getragen und mitgeprägt. Und darauf dürfen alle Beteiligten stolz sein.

Kerstin Hohlfeld

So geht's zur ehemaligen Predigerschule:

Die Räumlichkeiten befinden sich im Augustinerkloster, Augustinerstraße 10.

Historikerin Dr. Annegret Schüle weiß, was mit der unscheinbaren Steintafel im Hintergrund nicht stimmt.

20

Steintafel

Dichtung und Wahrheit

Im Kampf gegen den Faschismus gab er sein Leben. Nur wer ganz genau hinschaut, erkennt die kleine steinerne Tafel, die unauffällig an der hellen Klinkerfassade im Schobersmühlenweg 30 hängt. Mit ihrer Inschrift erinnert sie an den kommunistischen Politiker Paul Schäfer (1894-1938). Obwohl dieser in Erfurt das Licht der Welt erblickte, handelt es sich aber wider Erwarten nicht um sein Geburtshaus. Genau genommen verbrachte Paul Schäfer sogar nur eine recht kurze Zeit in dem Backsteinbau, er lebte vom 9. Oktober 1930 bis zum 28. Mai 1931 mit seiner Familie in einer Wohnung im Parterre. „Die Tafel wurde schon zu DDR-Zeiten angebracht", sagt Dr. Annegret Schüle. Die Historikerin und Leiterin des Erinnerungsortes Topf & Söhne weiß auch, dass die Informationen zu Schäfer mit Vorsicht zu genießen sind: „Das Schild behauptet, er sei durch die Hand der Faschisten gestorben, aber das stimmt nicht ganz."

In der DDR wurde der Kommunist Paul Schäfer als lokaler Held verehrt. Mit 14 Jahren begann der Erfurter zunächst, in einer großen Schuhfabrik zu arbeiten, später war er auch im Betriebsrat tätig. Nachdem er als Soldat den Ersten Weltkrieg miterlebt hatte, kehrte er in seine Heimatstadt zurück und wurde dort Mitglied der KPD-Ortsgruppe. „1924 wurde Paul Schäfer Stadtverordneter der KPD, die in diesem Jahr erstmals in den Stadtrat kam“, erzählt Annegret Schüle. „1925 wurde er aus der Schuhfabrik entlassen. Angeblich wegen Arbeitsmangel, aber seine politischen Tätigkeiten könnten dabei durchaus auch eine Rolle gespielt haben.“ Eine neue berufliche Aufgabe fand Schäfer bereits Ende desselben Jahres als Sekretär der Internationalen Arbeiterhilfe (IAH), die als Reaktion auf die Hungersnöte nach der russischen Revolution Solidaritätsaktionen für die russischen Arbeiter organisierte. „Schäfer kannte einen anderen Erfurter Kommunisten, nämlich Willi Münzenberg, der die IAH maßgeblich aufgebaut hatte“, fügt die Historikerin hinzu.

„Während der sogenannten Deutschen Operation wurden alle Deutschen in der Sowjetunion ins Visier genommen, auch viele Kommunisten fielen ihr zum Opfer.“

In seiner Funktion als Sekretär der Internationalen Arbeiterhilfe ging Paul Schäfer 1931 nach Frankfurt am Main, wo er eine neue Lebensgefährtin fand. Ehefrau Hulda und seine drei Söhne blieben in Erfurt, es bestand aber weiterhin Kontakt zwischen ihm und seiner Familie. „Nach der Machtübernahme der Nationalsozialisten wurde Schäfer von der Gestapo gejagt, daher emigrierte er 1933 ins Saarland“, schildert Schüle. Aber auch dort konnte der Verfolgte nicht lange bleiben. Nachdem das Saarland an das Deutsche Reich angegliedert worden war, floh Schäfer im März 1935 nach Paris.

An dieser Stelle teilt sich die Geschichtsschreibung. Schenkt man der Darstellung der DDR Glauben, zog der Erfurter von Frankreich aus nach Spanien weiter, wo er während des Spanischen Bürgerkriegs als Mitglied der Internationalen Brigaden den Kampf gegen Francisco Franco (1892-1975) unterstützte – und 1937 ums

Leben kam. Als vermeintliches Opfer des Faschismus stilisierte die DDR-Regierung Paul Schäfer zu einem kommunistischen Helden. Unter anderem erhielt der Zusammenschluss der Schuhfabriken 1953 den Ehrennamen „Schuhfabrik Paul Schäfer“.

Tatsächlich jedoch nahm das Leben des verehrten Politikers ein ganz anderes Ende. „Paul Schäfer war nie in Spanien“, stellt Annegret Schüle richtig. „Von Frankreich aus floh er Ende 1935 weiter in die Sowjetunion. Dort wurde er 1938 in Moskau erschossen und in einem Massengrab verscharrt.“ Die Sowjetunion sei das Sehnsuchtsland des Erfurters gewesen, so die Historikerin. Ausgerechnet hier geriet er in die stalinistischen Säuberungen. „Während der sogenannten Deutschen Operation wurden alle Deutschen in der Sowjetunion ins Visier genommen, auch viele Kommunisten fielen ihr zum Opfer.“ So auch Paul Schäfer, der, obwohl aufrichtiger Kommunist, ausgerechnet wegen Spionage für Nazi-Deutschland vom sowjetischen Geheimdienst NKWD verhaftet, am 17. Mai 1938 zum Tode verurteilt und am 26. Juli durch Erschießen hingerichtet wurde.

Die Steintafel erinnert an den Erfurter und kommunistischen Politiker Paul Schäfer.

Erst nach der Wiedervereinigung brachten wiederentdeckte Dokumente die Wahrheit ans Licht. „Der Familie Schäfer wurde ein Bericht von 1995 zugespielt, der die Beweise aufführt“, erzählt Schüle. „Nach dem Ende der Sowjetunion wurden Listen mit den Opfern des Stalinismus veröffentlicht, und dort taucht Paul Schäfer auf.“

Bis zum Ende der DDR wurde die Legende, dass Schäfer in Spanien gestorben sei, aktiv tradiert. Und das im vollen Bewusstsein, dass eine Lüge verbreitet wurde. „In gewissen Kreisen muss das bekannt gewesen sein“, mutmaßt die Historikerin, „weil beispielsweise die Parteimitglieder, die im Rahmen der stalinistischen Säuberungen verurteilt wurden, formal aus der KPD ausgeschlossen wurden. Also Walter Ulbricht und Wilhelm Pieck haben das gewusst, denn sie haben dem Parteiausschluss von Schäfer nach seiner Verurteilung in Moskau zugestimmt." Die Gründe für dieses Vorgehen liegen auf der Hand. Es durfte keinesfalls herauskommen, dass die lokale Heldenfigur Paul Schäfer in der Sowjetunion ermordet worden war.

„Das viel größere Geheimnis ist bis heute: Wer hat überhaupt wann in die Welt gesetzt, dass Paul Schäfer in Spanien gefallen ist?", fügt Annegret Schüle hinzu. Angeblich habe ein freier Radiosender kurz nach Schäfers vermeintlichem Tod in Spanien darüber berichtet. „Vielleicht war es dabei einfach ein Versehen, eine Namensverwechslung", gibt die Geschichtsdozentin zu bedenken. Wie auch immer es gewesen sein mag – die DDR-Regierung wusste Paul Schäfers Schicksal für ihre Zwecke zu instrumentalisieren. Auch wenn sie bei der Inschrift auf der Steintafel nicht ganz konsequent vorging: Entgegen ihrer eigenen Darstellung stimmt zwar das Sterbejahr 1938, nicht aber die Umstände, die zum Tod des legendären Erfurters führten.

„Also Walter Ulbricht und Wilhelm Pieck haben das gewusst, denn sie haben dem Parteiausschluss von Schäfer nach seiner Verurteilung in Moskau zugestimmt."

Elena de F. Oliveira

So geht's zur Steintafel:

Sie befindet sich vorne rechts an der Hauswand im Schobersmühlenweg 30.

Wetzrillen

Rätselhafte Kerben im Stein

Neben den anderen Spuren, die Zeit und Witterung in den Steinen hinterlassen haben, fallen sie kaum auf: die länglichen schmalen Einkerbungen, die senkrecht durch den Steinquader am Turm der Ägidienkirche verlaufen. Nicht nur an sakralen Bauten, sondern auch an anderen öffentlichen Gebäuden finden sich solche Wetzrillen, im Volksmund auch Teufelskrallen genannt, immer wieder. Wer diese Rillen wann, womit und wozu hinterlassen hat, darum ranken sich unterschiedliche, mehr oder weniger wahrscheinliche Erklärungsansätze. Was davon auch immer stimmen mag – fest steht, wie Kunsthistoriker Tim Erthel bestätigt: „Es spielt ziemlich viel Aberglauben mit hinein."

In den Bereich der Legenden fällt auf jeden Fall, dass der Teufel hier seine Krallen in den Stein gehauen hätte. Zufällig sind die vertikalen Kerben aber bestimmt auch nicht entstanden. Georg Steffel geht ihrem Ursprung in dem Werk *Die rätselhaften Rillen* auf den Grund. Die meisten Erklärungsansätze führen die Spuren im Stein auf den Einsatz von Waffen zurück. So soll es im Mittelalter Brauch gewesen sein, die Waffe vor dem Betreten der Kirche symbolisch zu entschärfen, indem ihr Träger mit der Klinge am Stein entlangfuhr. Eine weitere Deutung besagt, dass Schwerter an dem heiligen Stein geweiht wurden.

Weniger Volksglauben erfordert die von Steffel favorisierte Variante, dass die Wetzrillen beim Feuerschlagen entstanden. Mit Schlageisen oder auch Feuerstahl – Zündhölzer gab es damals noch nicht – wurden am Sandstein Funken geschlagen, die wiederum die Laternen der Kirchgänger entzündeten. Als relativ plausibel gilt außerdem die Theorie, dass an den Außenmauern der Gotteshäuser Steinmehl abgeschabt wurde, welches sich im Mittelalter als Arzneimittel großer Beliebtheit erfreute. So wurde ihm nachgesagt, die Potenz zu steigern und Krankheiten vorzubeugen. Bei akuten

Kunsthistoriker Tim Erthel steht neben den länglichen Spuren an der Ägidienkirche.

Erkrankungen wurde das Steinmehl unter das Essen von Mensch und Tier gemischt oder, mit Fett vermengt, als Salbe aufgetragen.

Die Rillen im Stein geben Rätsel auf.

Wer sich einer guten Gesundheit erfreute, aber trotzdem von der göttlichen Wirkung der Sandsteinkörnchen profitieren wollte, musste das Steinmehl nicht unbedingt über die Nahrung zu sich nehmen. Tim Erthels Erklärung zufolge führte man sie nämlich wie eine Art Talisman mit sich: „Man hat hier mit der Klinge seiner Waffen entlanggewetzt. Nicht um sie zu schärfen, sondern um einige Partikel aus dem Mauerwerk zu lösen, von denen man sich eine Art Segnung und göttlichen Beistand erhoffte", veranschaulicht er.

Wie genau und warum die Wetzrillen in den Stein gelangten, lässt sich nicht abschließend sagen. Fest steht aber, dass sie nicht vor 1324 entstanden sein können. In diesem Jahr wurde die Brückenkopfkirche am östlichen Ende der Krämerbrücke in Stein wiederaufgebaut und der Turm errichtet, nachdem der Vorgängerbau 1293 einem Stadtbrand zum Opfer gefallen war.

Mit Waffen hantiert dort mittlerweile hoffentlich niemand mehr herum, und auch Nahrungsergänzungsmittel werden auf andere Weise gewonnen. Ein wenig Beistand von oben kann aber sicher damals wie heute nicht schaden.

Elena de F. Oliveira

So geht's zu den Wetzrillen:

Sie befinden sich auf Augenhöhe an einem rechten Eckquader des Turms der Ägidienkirche am Wenigemarkt 4.

Das Erfurter Rad prangt hoch oben am Rathaus auf dem Stadtwappen.

22

Wappenrelief

Kommt Mainz, kommt Rad

Das sechsspeichige Erfurter Rad findet man natürlich nicht nur hoch oben unter der Rathausuhr dargestellt. Aber hier passt es als steinernes Relief besonders gut hin, handelt es sich bei der Darstellung doch um das Wappen der Stadt. Aber wieso eigentlich ein Rad? Da Erfurt einst eine bedeutende Handelsstadt war, liegt die Vermutung nahe, dass der Wappenschild mit dem Warenverkehr auf der Via Regia zu tun hat, der wichtigen Handelsstraße, die durch die Stadt führte. Und auch zahlreiche Mühlräder waren an der Gera in Betrieb (siehe Geheimnis 01).

„Das Rad symbolisiert aber nicht nur Fortschritt", gibt Dr. Anselm Hartinger zu bedenken. „Darüber hinaus lässt es sich christologisch deuten, denn die runde Form steht in der alten Zeit immer für das Vollkommene, das Ewige und in sich Ruhende", fährt er in seinen Ausführungen fort. Der ambivalenten Semantik des Zeichens geschuldet, kommt der Direktor der Erfurter Geschichtsmuseen zudem auf Aspekte des Rads zu sprechen, die für Gänsehaut sorgen: „Das *Rädern* war auch eine Hinrichtungsmethode – sehr schmerzhaft und stark entehrend. Den Verurteilten wurden die Knochen gebrochen, um sie anschließend *aufs Rad zu flechten.*“ Zuletzt wurde ein solches Urteil übrigens 1841 in Preußen vollstreckt. Auch in Erfurt gab es diese Form der Todesstrafe. „Etwas außerhalb der Stadt befand sich die Hinrichtungsstätte, der sogenannte Rabenstein“, erzählt Hartinger.

Obwohl sich nach durchzechter Nacht manch einer heute noch sprichwörtlich so fühlen mag: Gerädert wird in Erfurt schon lange niemand mehr. Und auch das Rad im Stadtwappen geht weder auf die schauerlichen Praktiken eines Henkers noch auf eine wirtschaftliche Blütephase zurück. „Das Erfurter Rad ist ganz eng verwandt mit einem anderen Stadtwappen“, klärt der Museumsdirektor auf. „An ihm lässt sich noch heute die einstige Beziehung zu Mainz ablesen, das seit Mitte des 8. Jahrhunderts quasi die Mutterstadt Erfurts war.“

Eine Darstellung des achtspeichigen Rades in der Marktstraße 50.

Das Bistum Erfurt wurde 742 erstmals urkundlich durch seinen Gründer Bonifatius (um 673-754) erwähnt und kurze Zeit später im Jahr 747 dem Bistum Mainz angegliedert. „Obwohl Erfurt eine reiche und mächtige Stadt war und im Mittelalter fast viermal so groß wie Mainz, bestand diese Zugehörigkeit bis 1802, wenn auch zum Teil mit einer weitgehenden Unabhängigkeit“, unterstreicht Hartinger. So lautet auch die Umschrift des ältesten Siegels der Stadt: „Erfordia fidelis est filia Mogontine sedis“ – übersetzt: Erfurt ist die treue Tochter des Mainzer Stuhls. „Es gibt zwar noch einige Bauten und Denkmäler aus der Zeit der kurmainzischen Vorherrschaft, aber vor allem das Wappen erinnert an die gemeinsamen Wurzeln und an die über 1.000 Jahre bestehende Verbindung“, sagt der Stadtkenner.

Um die Herkunft des Mainzer Wappens, das ein Doppelrad zeigt, sprich zwei durch eine kreuzförmige Achse verbundene Räder, ranken sich unterschiedliche Erklärungen. Einer volkstümlichen Überlieferung nach war Willigis (940-1011), seit 975 Erzbischof von Mainz und Baumeister des dortigen Doms, der Sohn eines Wagners. Vom Adel für seine geringe Herkunft verachtet, trotzte er seinen Spöttern, indem er das Rad zu seinem Zeichen erklärte. Offiziell trägt die Stadt das Rad aber erst seit dem 13. Jahrhundert im Wappen. Davor zeigte es ihren Stadtpatron, den heiligen Martin, dem das Rad als Attribut zugeschrieben wird. Ein archäologischer Deutungsansatz führt das Mainzer Rad auf das Sonnenrad des keltischen Gottes Mogon zurück, auf dem der römische Stadtname „Mogontiacum" fußt. Genauso ließe sich das Rad aber als Weiterentwicklung des Christusmonogramms interpretieren: die griechischen Buchstaben X (Chi) und P (Rho) für „Christos" übereinander geschrieben, die quasi die sechs Speichen bilden.

Dr. Anselm Hartinger hat nachgezählt: Ursprünglich besaß das Rad zwei Speichen mehr.

Welche Theorie auch immer stimmen mag – das Erfurter Rad ist eine Hinterlassenschaft der kurmainzischen Zugehörigkeit. Schon 1418 wurde das Wappen mit sechs Speichen direkt neben dem Haupteingang des alten Rathauses angebracht. Das Neue Rathaus wurde dann in den Jahren 1869 bis 1875 errichtet, wobei man das Wappen rettete und an einer Fassade im Innenhof platzierte. Das Spannende ist aber: Das Rad hatte nicht immer nur sechs Speichen. „Relativ viele Darstellungen, vor allem im späteren Mittelalter, weichen in der Anzahl ab und zeigen es mit acht Speichen", weiß Anselm Hartinger, „zum Beispiel die im Rathaus ausgestellten Setzschilde." Weshalb es zum heute noch verwendeten reduzierten

Wappenschild kam, konnte bisher nicht hinlänglich geklärt werden. Aber der Museumsdirektor kennt einige Theorien. „Eine hängt damit zusammen, dass die Erfurter im späten 15. Jahrhundert verschiedene territoriale Verluste erlitten und sie daher die Speichen einbüßten", erzählt er.

Ab 1475 stellten Kursachsen und Kurmainz verstärkt rechtliche Ansprüche an die Stadt. Damit einhergehende Verträge schwächten Erfurt in politischer sowie ökonomischer Hinsicht nachhaltig. Zwar wäre es einleuchtend, dass der schwere Bedeutungsverlust im Übergang zum 16. Jahrhundert mit der gleichzeitigen Abnahme der Speichenzahl korrespondierte. Diese These sei aber vermutlich nicht haltbar, so Hartinger. „Das geschah schließlich nicht von einem Tag auf den anderen, sondern hat sich graduell so entwickelt."

„Das Erfurter Rad ist ganz eng verwandt mit einem anderen Stadtwappen."

Die Verringerung der Speichenzahl könnte auch einfach heraldische Gründe haben – oder doch auf das Rad als Folterinstrument Bezug nehmen? „Es ist bestimmt viel leichter, durch sechs Speichen einen Arm zu flechten als durch acht", spekuliert Anselm Hartinger mit einem Augenzwinkern. Zwar geht vom steinernen Relief des Erfurter Rads keine Gefahr aus. Wer heute vor dem Rathaus auf dem Marktplatz steht, sollte aber aufpassen, dass er oder sie nicht unter die Räder der Straßenbahn gerät.

Elena de F. Oliveira

So geht's zum Wappenrelief:

Das in Stein gehauene Erfurter Rad befindet sich direkt unterhalb der Uhr an der Fassade des Rathauses am Fischmarkt 10.

Alice Frontzek weiß, welche Bedeutung der Mann, dem der Brunnen gewidmet ist, für Erfurt hatte.

23

Brunnen

Hoffnung für die Protestanten

S*t mein harni*. Steht man am Brunnen für den Schwedenkönig Gustav II. Adolf (1594-1632) – dass er ihm gewidmet ist, ist unschwer zu erkennen, weil sein Konterfei an dem Brunnen angebracht ist und darunter sein Name –, ist ganz oben an der viereckigen Säule der rätselhafte Schriftzug erkennbar. Betrachtet man den Brunnen an der Predigerkirche genauer, ist das Rätsel der Inschrift schnell gelöst: Es handelt sich um eine umlaufende Beschriftung, unter Einbeziehung aller vier Seiten. Wenn man einmal um den Brunnen herumgeht, kann man hier den Satz *Verzage nicht, Du Häuflein klein, Gott ist mein Harnisch* entziffern. Und das ist der Anfangssatz des Lieblingsliedes des Schwedenkönigs. „Er hatte den evangelischen Erfurtern versprochen, sie von den katholischen Mainzern zu befreien, was ihm ja auch gelungen ist. Und von hier aus zog er los in die Schlacht, in der er sein Leben lassen musste“, begründet Stadtkennerin Alice Frontzek das Denkmal für den schwedischen König.

Es war im Jahr 1630 und der Dreißigjährige Krieg (1618-1648), der um die Hegemonie im Heiligen Römischen Reich Deutscher Nation und in Europa geführt wurde, tobte schon seit zwölf Jahren, als die Protestantische Union immer mehr Niederlagen einstecken musste und die Katholische Liga immer mehr Siege errang. Das besorgte den schwedischen König Gustav II. Adolf so sehr, dass er mit seinen Mannen ins Heilige Römische Reich Deutscher Nation eilte, um seinen Glaubensbrüdern unter die Arme zu greifen. Gustav Adolf und seine Truppen landeten an der Ostseeküste und marschierten von hier aus in Richtung Süden, ein Sieg reihte sich an den nächsten, dann erreichten sie Erfurt. Der Historiker Dr. Steffen Raßloff schreibt dazu: „Am 2. Oktober 1631 traf Gustav Adolf mit seiner Armee am Andreastor ein. Die Straße zum Domplatz war eng gesäumt mit jubelnden Menschen. Vor der ‚Hohen Lilie' empfing der Rat den König. Der Jubel der Erfurter hatte auch ganz handfeste Gründe. Denn der Schwedenkönig nährte Hoffnungen, die Landesherrschaft des Mainzer Kurfürsten endgültig abzustreifen. Gustav Adolf übernahm alle Herrschaftsrechte und beschenkte die Stadt mit katholischem Kirchengut." Die Verbindung zwischen Mainz und Erfurt bestand zu diesem Zeitpunkt schon fast 1.000 Jahre: Bereits im 8. Jahrhundert wurde Erfurt dem Bistum Mainz angegliedert, und etwa um das Jahr 1000 wurde aus dem kirchlichen auch ein weltlicher Herrscher – sehr zum Missfallen der Erfurter (siehe Geheimnis 50).

„Gustav Adolf wohnte in Erfurt im Gasthaus *Zur Hohen Lilie*, aber er blieb nur ganz kurz hier, am 6. Oktober zog er bereits weiter", schildert Alice Frontzek. „Und auch seine Gattin Königin Maria Eleonora war hier in Erfurt, sie kam am 10. Januar 1632 für einen Tag in die Stadt."

Das war jedoch nicht das einzige Mal, dass sich das Königspaar in Erfurt aufhielt: Am 7. November 1632 nahmen sie erneut Quartier (siehe Geheimnis 38). Von hier aus brach Gustav Adolf zu der Schlacht gegen Wallenstein (1583-1634) auf, die ihn das Leben kosten sollte: Die Schlacht ging zwar für die Schweden siegreich aus,

Gustav II. Adolf fiel aber am 16. November 1632 bei Lützen. „Eleonora hat hier vom Tod ihres Gatten erfahren", sagt Frontzek, und Raßloff schreibt: „Die Todesnachricht traf nicht nur seine in Erfurt weilende Gemahlin als schwerer Schicksalsschlag. Das protestantische Lager hatte seine Führungsfigur verloren. Auch die mit ihr verbundenen Hoffnungen der Erfurter sollten sich zerschlagen. Die Rechte des Mainzer Kurfürsten wurden im Westfälischen Frieden 1648 festgeschrieben und die Stadt 1664 endgültig unterworfen."

„Und auch seine Gattin Königin Maria Eleonora war hier in Erfurt, sie kam am 10. Januar 1632 für einen Tag in die Stadt."

Die Erfurter haben den Einsatz König Gustavs für ihre Stadt jedoch niemals vergessen und ihm lange nach seinem Tod den Brunnen gestiftet, der gleichzeitig eine Mahnung für den Frieden ist. Auf der einen Seite des Brunnes ist zum Beispiel eine Mutter zu sehen, die ihr Kind in den Armen hält, auf der anderen ein Mann, der einen kleinen Sarg auf der Schulter trägt.

Das Denkmal wurde von dem Erfurter Bildhauer Carl Melville (1875-1957) geschaffen und am 10. November 1911 eingeweiht. „Der Platz vor der Predigerkirche ist gut gewählt", findet Alice Frontzek, „denn schließlich ist das seit der Reformation die evangelische Hauptkirche."

Das Konterfei des Gustav Adolf ist so angebracht, dass sich sein Blick auf das Erfurter Gotteshaus richtet. Dorthin, wo der evangelische Glaube gelebt wird, für den er sein Leben ließ.

Eva-Maria Bast

So geht's zum Brunnen:

Der Brunnen für Gustav Adolf steht vor der Predigerkirche auf der Südseite. Die Adresse ist Predigerstraße 4.

JOHANN BARTHOLOMÄUS TROMMSDORFF
1770 – 1837
An dieser Stelle stand die alte Apotheke
"Zum Schwanen-Ring"
Hier wirkte J.B. Trommsdorff in der
Zeit von 1791 – 1837

24

Trommsdorff-Medaillon

Bittere Medizin für Napoleon

Apotheker oder Pharmaziestudenten kommen um ihn nicht herum: Johann Bartholomäus Trommsdorff (1770-1837). Und auch Besucher des Erfurter Angers stoßen dort auf seinen Namen und sein Konterfei. Nur ist vielen von ihnen zunächst gar nicht klar, was es mit der Darstellung auf dem Medaillon auf sich hat, das an der Ecke des Hauptpostgebäudes in den Fensterbogen eingelassen ist. „Johann Bartholomäus Trommsdorff war zu seiner Zeit einer der bedeutendsten Chemiker und Apotheker", beantwortet Gästeführerin Ulrike Aschenbach die Frage nach dem porträtierten Mann.

Der in Erfurt geborene Trommsdorff schloss zunächst eine Apothekerlehre in Weimar ab und ging auf Wanderschaft nach Stettin und Stargard, bevor er in seine Heimatstadt zurückkehrte. Dort übernahm er 1790 die Apotheke „Zum Schwanen-Ring" seines verstorbenen Vaters. „Sie befand sich genau an der Ecke, wo heute das Medaillon an ihn erinnert", erzählt Ulrike Aschenbach. Schon seit dem Anfang des 17. Jahrhunderts belegt, musste das Apothekengebäude am Anger 1878 dem Bau der Hauptpost weichen. „Sie muss über Generationen im Besitz der Familie Trommsdorff gewesen sein", fährt die Erfurterin fort. „Auf jeden Fall war der Urgroßvater von Johann Bartholomäus schon als Apotheker tätig und sein Vater war Leibarzt des kurmainzerischen Statthalters Carl Theodor von Dalberg. Die Familie Trommsdorff war also ziemlich bekannt in der Stadt."

Berühmt wurde Johann Bartholomäus Trommsdorff als Begründer der modernen Pharmazie. „Er war der erste, der bestimmte Grundlagen für angehende Apotheker forderte, und zwar, dass sie sich mit Chemie auskennen sollten, mit Physik und mit Pharmazie", führt Ulrike Aschenbach aus. Mit der Gründung einer Ausbildungsstätte in Erfurt 1795, der „Chemisch-physika-

Gästeführerin Ulrike Aschenbach weiß, wessen Zorn Johann Bartholomäus Trommsdorff einst auf sich zog.

lisch-pharmaceutischen Pensionsanstalt für Jünglinge", die über 300 Schüler absolvierten, setzte Trommsdorff seine Vision in die Tat um. Der Lehrplan des Instituts beinhaltete außerdem Unterricht in Zoologie, Botanik, Mathematik, Mineralogie und Naturlehre.

Nachdem er innerhalb kürzester Zeit seine Promotion erlangt hatte, wurde Trommsdorff 1795 Professor an der Erfurter Universität. Als Apotheker widmete er sich neben der Entwicklung eines standardisierten Herstellungsverfahrens auch der Optimierung von Rezepturen. „Er riet unter anderem dazu, auf giftige Zusatzstoffe zu verzichten, zum Beispiel das damals noch sehr beliebte Quecksilber, oder Bleiweiß, das zum Schminken benutzt wurde", erläutert Aschenbach. Die Ergebnisse seiner Forschung publizierte der Pharmazeut in mehr als 30 Büchern und über 500 Zeitschriftenaufsätzen. Obwohl Johann Wolfgang von Goethe (1749-1832) versuchte, den renommierten Wissenschaftler für die Universität Jena abzuwerben, blieb dieser Erfurt treu.

Der Pioniergeist Johann Bartholomäus Trommsdorffs zeigte sich auch darin, dass er 1794 mit dem *Journal der Pharmacie für Aerzte, Apotheker und Chemiker* die erste pharmazeutische Zeitschrift weltweit ins Leben rief. „Zudem war er 1808 Mitbegründer des Erfurter Apothekerkränzchens, einer der ersten modernen Apothekervereinigungen in Deutschland", ergänzt die Gästeführerin. Im selben Jahr – Erfurt befand sich seit 1806 unter französischer Vorherrschaft – kam es zu einem folgenschweren Ereignis. „Der Überlieferung nach fand 1808, als Napoleon hier den Fürstenkongress abhielt, bei einer Abendgesellschaft ein Treffen zwischen ihm und Trommsdorff statt", berichtet Ulrike Aschenbach. Im Verlauf der Unterhaltung habe der französische Kaiser den berühmten Wissenschaftler gefragt, wer seiner Ansicht nach das größte Haupt der Chemie seiner Zeit sei. „Das Problem war: Trommsdorff war ein Anhänger von Lavoisier, einem französischen Adligen, der auch als Chemiker arbeitete", erzählt die Gästeführerin. Antoine Laurent de Lavoisier (1743-1794) hatte als erster darauf hingewiesen, dass die Chemie neben Flüssigkeiten und Feststoffen auch Gase behandeln solle. „Der war aber im Zuge der Französischen Revolution

1794 durch die Guillotine hingerichtet worden“, fügt Aschenbach hinzu. „Und was machte Trommsdorff nun? Er antwortete: ‚Die Chemie hat kein großes Haupt mehr, seit Lavoisier das seinige verlor.‘ Darüber war Napoleon natürlich äußerst brüskiert.“ Infolge dieses unglücklichen Gesprächsverlaufs verlor der Apotheker nicht nur sein gesamtes Vermögen, sondern auch seine Universitätsprofessur, und zusätzlich musste er eine Festungshaft absitzen. Erst danach konnte er das Erbe seiner Eltern wieder aufbauen und errichtete eine der ersten deutschen Fabriken, in der chemisch-pharmazeutische Produkte hergestellt wurden.

„Der Überlieferung nach fand 1808, als Napoleon hier den Fürstenkongress abhielt, bei einer Abendgesellschaft ein Treffen zwischen ihm und Trommsdorff statt.“

„Heute ist der Name Trommsdorff allerdings weniger wegen Johann Bartholomäus bekannt, sondern wegen seinem Sohn Hermann Trommsdorff, der die Fabrik 1837 ins Erfurter Handelsregister eintragen ließ und damit den Grundstein für das Pharmazieunternehmen legte, das heute noch existiert“, stellt Ulrike Aschenbach fest.

Im Gegensatz zu seinem französischen Kollegen musste Johann Bartholomäus Trommsdorff sein Haupt zu Lebzeiten zum Glück nicht verlieren. Doch erinnert das Abbild desselben auf dem 2007 am Ort seiner einstmaligen Wirkungsstätte angebrachten Medaillon an den Mann, mit dessen Pioniergeist die Firmengeschichte ihren Anfang nahm.

Elena de F. Oliveira

So geht's zum Trommsdorff-Medaillon:

Das Medaillon befindet sich an der südlichen Ecke des Hauptpostgebäudes am Anger 66-73.

Gästeführer Hans-Jürgen Nehls geht mal eben so durch ein Hosenbein. Wenn auch nicht durch sein eigenes.

25

Hosenkraatsch

Beinkleid der Altstadt

Hosen sind nicht nur unbestreitbar praktische Kleidungsstücke, auch viele Redewendungen ranken sich um die Beinkleider. Wer sie sprichwörtlich anhat, übernimmt in einer Beziehung den dominanten Part oder zeigt sich besonders spendabel. In Erfurt geht außerdem regelmäßig etwas in die Hose – oder besser gesagt: jemand. Denn, wie Hans-Jürgen Nehls weiß: In Erfurt kann man sogar darin wohnen! Oder wenigstens hindurchlaufen. „Jetzt gehen wir gerade durch das rechte Hosenbein", kommentiert der Gästeführer schmunzelnd auf dem Weg durch die Taubengasse. Diese mündet an ihrem nordöstlichen Ende in die

Comthurgasse. Dort, wo die beiden Straßen zusammentreffen, deutet Nehls auf ein kleines grünes Schild. Auf ihm ist in weißer Schrift zu lesen: *sog. Hosenkraatsch.*

„Das ist noch ein alter Erfurter Eigenname", erläutert der Gästeführer, „es gibt zum Beispiel neben dem Dom auch die sogenannte Pfaffengasse."

Seit dem 12. Jahrhundert tauchten erstmals vereinzelt Platz- und Straßennamen in der Stadt auf, die sich im Verlauf der Geschichte natürlich auch änderten. Doch woher kommt die Bezeichnung Hosenkraatsch? Hans-Jürgen Nehls klärt auf: „Dabei handelt es sich sozusagen um den Schritt, also den Teil der Hose, an dem die Beine zusammentreffen." Der Begriff Kraatsch geht wohl auf „Grätsche" zurück, also das Spreizen der Beine. „Mit dem Hosenkraatsch ist aber nicht nur die Kreuzung gemeint, sondern auch die beiden Abzweigungen gehören dazu", ergänzt der Gästeführer. „Wer darin wohnt, dessen Adresse befindet sich also entweder in der Tauben- oder in der Comthurgasse."

Eine Hose mitten in der Stadt: Das grüne Schild erinnert an eine alte Straßenbezeichnung.

Als Martin Luther (1483-1546) 1505 im Bestreben, Mönch zu werden, ins Augustinerkloster eintrat, wohnte er somit bis 1511 von oben betrachtet im linken Hosenbein.

Elena de F. Oliveira

So geht's zum Hosenkraatsch:

Das kleine grüne Straßenschild befindet sich an der Ecke Taubengasse/ Comthurgasse.

Mit so einem Waidmühlstein wurden die Pflanzen zu Mus zerdrückt.

26

Waidmühlrad

Als Erfurt im wahrsten Sinne stinkreich war

Isatis tinctoria. Klingt ein bisschen wie ein Zauberspruch, ist aber keiner. Es handelt sich vielmehr um den lateinischen Namen der Pflanze Waid, auch Färberwaid genannt. Sie hat lange dafür gesorgt, dass Erfurt zauberhaft reich war. Oder besser gesagt: stinkreich. Und man deshalb Zeit hatte, gelegentlich blauzumachen. Im wahrsten Sinne des Wortes.

Doch fangen wir bei einem mannshohen, runden, gezackten Stein an, der vor dem Volkskundemuseum ausgestellt ist. Bei ihm kann man sich erst einmal nicht vorstellen, wozu er einst diente. Krzysztof Wezyk kann aufklären. Der Wahl-Erfurter ist nämlich einer, der dafür sorgt, dass Waid und dessen besondere Bedeutung für die Stadt nicht in Vergessenheit gerät. Denn die heimische Pflanze aus der Gattung der Kreuzblütengewächse wird schon lange nicht mehr im großen Stile zum Färben genutzt. Der Künstler, Textil- und Schmuckgestalter betreibt Erfurts Dürerhaus, in dessen Keller nach traditioneller Art mit Waid gefärbt wird. Beinahe jedenfalls – einen Unterschied gibt es, doch dazu später.

Seit Wezyk vor zehn Jahren von einer alten Dame in der Kunst des Waidfärbens unterwiesen wurde, weiß er alles über diese faszinierende Pflanze. Und er wollte, dass diese Färbetechnik lebendig bleibt. „Rund um Erfurt, im Thüringer Becken, herrschen für den Waidanbau nahezu ideale Bedingungen", erklärt er. „Die Pflanze gedeiht am besten auf fruchtbaren Böden in mildem Klima. Dann kann sie sogar zweimal im Jahr ausgesät werden."

Die Zeit vom 13. bis 16. Jahrhundert gilt als Blütezeit des Erfurter Waidhandels. „Viele Bauern rund um die Stadt bauten die Färberpflanze an und brachten sie zu den Waidhändlern nach Erfurt", erzählt Wezyk. „Doch bevor es so weit war, gab es allerhand zu tun. Auf gut gedüngtem Boden wurden die Samen ausgebracht, die recht schnell keimten. Danach mussten die Bauern aufpassen, dass sich kein Unkraut im Feld breitmachte, denn das hätte später die Farbe verunreinigt."

Sobald die Pflanze eine gewisse Größe hatte, wurde der Waid geerntet, man sagte auch „gestochen", denn um die Blätter von der Wurzel zu trennen, benutzte man ein sogenanntes Waideisen. „Schon kurz nach der Ernte zeigt sich am Schnitt die blaue Farbe der Pflanze", weiß Wezyk. Für die Bauern war an dieser Stelle die Arbeit jedoch noch nicht zu Ende. „Die Ernte musste gewaschen und etwas angetrocknet werden. Dann erst wurde sie zur Waidmühle gebracht." Ein spezieller gekerbter Mühlstein aus Sandstein, nämlich so einer, wie er vor dem Volkskundemuseum steht, zerdrückte die Pflanzen zu Mus, das leicht gegoren und zu faustgroßen Bällen geformt nochmals trocknete. Den Antrieb der Mühle übernahmen Zugtiere. Erst dann konnten die Bauern das Ergebnis ihrer Arbeit nach Erfurt zu den Waidhändlern bringen, wo die Verarbeitung weiterging.

„Die harten Kugeln, auch Ballenwaid genannt, wurden von den Angestellten der Waidhändler auf die Waidspeicher gebracht, zerschlagen, aufgeschichtet, mit Wasser und Urin versetzt, wodurch über die Zeit Wärme entstand und Fäulnis einsetzte. Das Ganze war eine übel riechende Sache, weshalb sich die Speicher auch immer auf den Dachböden der Häuser befanden." Ein solches Waidspeicherhaus kann man in der Michaelisstraße 10 besichtigen. Aber auch auf vielen Patrizierhäusern im Stadtbild sind noch heute die hohen Waidspeicherböden zu erkennen. Das kostbare und begehrte Erfurter Blau wurde nach ganz Europa exportiert. Die Waidhändler wurden also im wahrsten Sinne des Wortes stinkreich.

Eine mit dem Waidfärben eng verwandte Handwerkstechnik drohte ebenfalls, in Vergessenheit zu geraten – der Blaudruck. Auch dieser Tradition fühlt sich Textilkünstler Wezyk verpflichtet. Im Keller des Dürerhauses hat er seine Blaudruckwerkstatt eingerichtet. „Wobei der Terminus Blaudruck eigentlich etwas irreführend ist", erklärt er. „Denn wir drucken nicht mit Blau, sondern wir färben blau."

Das wichtigste Werkzeug dabei ist der sogenannte Modelstock, auf dem sich das Muster befindet. „Man muss sich das ein bisschen wie ein Stempelkissen vorstellen", führt Wezyk aus. Allerdings ein ziemlich kostbares, dessen Herstellung künstlerisches Geschick und Fingerspitzengefühl erfordert. Wezyk ist stolz auf seine umfangreiche Sammlung von Modelstöcken, von denen die ältesten um die 200 Jahre alt sind. „Zuerst wird der Modelstock in eine Masse namens Papp getaucht und auf das weiße Baumwolltuch aufgedrückt. Wo sich Papp auf dem Stoff befindet, bleibt er während des nachfolgenden Färbens weiß." Das Aufbringen des Papps ist eine Arbeit, die sehr viel Fingerspitzengefühl und akribische Vorbereitung erfordert. „Wenn der Modelstock einmal aufgesetzt ist, kann man nicht mehr korrigieren." Der mit Papp bedruckte Stoff ruht einige Wochen, bis er in das Färbebad getaucht wird.

Krzysztof Wezyk mit einem Modelstock in der Hand. Im Dürerhaus hält er die Traditionen des Waidfärbens und des Blaudrucks am Leben.

Und hier schlagen wir wieder den Bogen zum Waid. Denn natürlich färbt Krzysztof Wezyk mit dem traditionellen Erfurter Blau. „Das ist ein komplizierter chemischer Prozess", erzählt er und fügt schmunzelnd hinzu: „Für den heute jedoch kein Urin mehr verwendet wird.“ Man muss ja auch nicht jede Tradition bewahren. „Unser Färbebad, die Küpe, ist ein zwei Meter tief in den Boden versenkter Behälter. Der Stoff wird an ein Metallgerüst gehängt und in das Tauchbad gesenkt, bis er ganz und gar bedeckt ist.“ Nach etwa zehn Minuten wird der Stoff herausgezogen und tropft über der Küpe ab. „Erst jetzt, wenn der Stoff mit Sauerstoff in Berührung kommt, beginnt der eigentliche Prozess des Färbens“, erklärt Wezyk. „Wir tauchen den Stoff bis zu achtmal ein, um einen guten Farbton zu erreichen.“ Zu guter Letzt muss der nun leuchtend blaue Stoff noch einmal tauchen, dabei nämlich wird der Papp entfernt und gibt das aufgedruckte feine Muster frei, das von Krzysztof Wezyk kritisch begutachtet wird.

Einst hatte dieser Prozess des Färbens für die Angestellten übrigens sein Gutes, vom Gestank einmal abgesehen. Damit das Blau entstand, mussten die gefärbten Tücher in der Sonne hängen und trocknen. Eine Atempause für die Arbeiter, die ein wenig verschnaufen konnten, während sie blaumachten. Und am Ende hoffentlich ihren wohlverdienten Lohn einstrichen, denn Geld stinkt ja bekanntlich nicht.

Mühlrad und Waidspeicher künden vom Erfurter Blau, einer Zeit großen Reichtums der Stadt, der sich noch heute in vielen prächtigen Häusern in der Innenstadt niederschlägt. Wer sich für die Kunst des Blaudrucks interessiert, dem sei ein Besuch im Dürerhaus empfohlen.

Kerstin Hohlfeld

So geht’s zum Waidmühlrad:

Der Mühlstein kann vor dem Erfurter Volkskundemuseum am Juri-Gagarin-Ring 140a besichtigt werden. Das Waidspeicherhaus befindet sich in der Michaelisstraße 10.

ONLY.

Freimaurerzeichen

Von Quellen, Rädern und Adlern

Dem wachsamen Auge präsentieren sich in den Häuserfluchten der Erfurter Innenstadt viele farbenfrohe, reich verzierte Fassaden. Bei manchen ist es lohnenswert, einen Schritt zurückzutreten, den Kopf in den Nacken zu legen und ganz genau hinzuschauen. So auch am Anger 10. Bis unter den Dachgiebel des 1896 erbauten Hauses muss der Blick schweifen, um drei ineinander verschränkte Messinstrumente ausmachen zu können: Zirkel, Winkel und Gradmesser. „Es handelt sich dabei um ein Freimaurersymbol", klärt Ulrike Aschenbach auf. Ob in diesem Haus vielleicht die erste Loge der Vereinigung gegründet wurde? Die Gästeführerin verneint: „Als das Gebäude Ende des 19. Jahrhunderts entstand, war die Freimaurerei hier schon eine ganze Weile aktiv."

Die Geschichte des Geheimbundes in Erfurt reicht bis ins 18. Jahrhundert zurück. „Der erste Freimaurer in der Stadt war Graf Gustav Adolf von Gotter", beginnt Ulrike Aschenbach zu erzählen. „Der kaufte hier 1734 das Schloss Molsdorf, das damals ziemlich heruntergekommen war, und baute es zu einem barocken Lustschloss um." Der Graf war bereits Meister vom Stuhl der Berliner Loge „Zu den drei Weltkugeln" und rekrutierte in Erfurt und Umgebung Mitglieder. „Hauptsächlich Adlige wie den Prinzen Ludwig Ernst von Sachsen-Gotha oder den Herzog Carl Friedrich von Sachsen-Meiningen", spezifiziert die Stadtkennerin.

1784 wurde schließlich die erste eigene Loge unter dem Namen „Zu den drei Quellen" in Erfurt ins Leben gerufen. Jedenfalls glaubten das die Initiatoren zunächst. „Fest steht: Man braucht ein Patent, um eine Freimaurerloge gründen zu dürfen", erläutert Aschenbach, „und derjenige, der ihnen das Patent verkauft hatte, stellte sich als Betrüger heraus." Daher wurde die Loge nicht anerkannt und zwei Jahre nach ihrer Entstehung wieder geschlossen. Da die Mitglieder nicht aufgaben, kam es 1787 dann zur regulären Gründung der Loge

Ulrike Aschenbach steht vor dem Haus mit dem geschichtsträchtigen Zeichen am Giebel und zeigt hinauf.

„Carl zu den drei Rädern“, in Anspielung auf die Stadtwappen von Erfurt und Mainz (siehe Geheimnis 22). Das „Carl“ im Namen ging auf den Mainzer Kurfürsten und Statthalter von Erfurt Carl Theodor Reichsfreiherr von Dalberg (1744-1817) zurück. Dieser war zwar kein Mitglied, aber den Freimaurern wohlwollend zugetan und unterstützte die reguläre Gründung der Loge.

Zu Beginn des 19. Jahrhunderts kam es zu einem Eklat. „Ab 1802 befand sich die Stadt unter der Herrschaft der Preußen, bis diese 1806 bei Jena und Auerstedt von Napoleon besiegt und Erfurt französische Garnisonsstadt wurde“, erzählt die Erfurterin. „Dadurch kamen viele französische Offiziere hierher, die auch Freimaurer waren und die man in die Loge aufnahm. Das war mehr oder weniger ein apolitisches Miteinander, das den geistigen Austausch zum Ziel hatte.“ Die Preußen, die ab 1814 wieder die Herrschaftsgewalt über Erfurt innehatten, seien davon alles andere als begeistert gewesen. „Unter dem Vorwurf, dass die Erfurter Freimaurer quasi mit den Franzosen kollaboriert hätten, wurde die Loge *Zu den drei Rädern* geschlossen.“ Nur denjenigen, die ihre „Unschuld“ nachweisen konnten, wurde gestattet, sich zu einer neuen Loge zusammenzuschließen. Sie nannte sich „Carl zu den drei Adlern“, in Anlehnung an das preußische Wappentier und als symbolische Anerkennung des neuen Landesherrn. „Sie musste sich im Zuge dessen, wie auch schon im Jahr 1804, der Großen National-Mutterloge *Zu den drei Weltkugeln* in Preußen unterordnen, während sie zuvor eine freie Loge gewesen war“, fügt Ulrike Aschenbach hinzu.

Zirkel, Winkel und Gradmesser bilden das Symbol am Anger 10.

„Die Adler-Loge war mit zeitweise über 280 Mitgliedern eine ziemlich große und auch eine finanziell sehr tatkräftige Loge“, berichtet Ulrike Aschenbach. „Sie stiftete zum Beispiel eine Taubstummenanstalt in Erfurt, eine der ersten in Thüringen. Überhaupt betätigten sich die Freimaurer hier viel im karitativen Bereich. So führten sie im Winter Armenspeisungen aus und verteilten Kleidung an bedürftige Kinder."

Es ist davon auszugehen, dass auch der Bauherr des Hauses am Anger 10 in der Freimaurerloge „Zu den drei Adlern" war und mit dem Symbol an der Fassade seine Zugehörigkeit demonstrieren wollte. „Die meisten Mitglieder der Logen waren relativ gut situierte Herren. Dementsprechend haben sie sich natürlich auch große Gebäude leisten können. In der Regel wurde es aber nicht offen nach außen getragen, wer Mitglied war", sagt die Erfurterin. Sie weiß auch, was es mit dem Zeichen selbst auf sich hat: „Zirkel und Maßwinkel finden sich eigentlich immer bei den Freimaurern, denn sie symbolisieren die handwerkliche Arbeit der mittelalterlichen Dombauhütten, aus denen die Freimaurer hervorgingen." So geht der Begriff „Loge" auf „lodge" zurück, das englische Wort für Bauhütte. „Die beiden Messinstrumente stehen unter anderem auch für die Harmonie zwischen Geist und Körper. Manchmal steht zusätzlich ein G dabei als Kürzel für Geometrie beziehungsweise auch Gott", ergänzt Ulrike Aschenbach.

Die Machtergreifung der Nationalsozialisten bedeutete das vorläufige Ende der Freimaurer in Deutschland. Die Erfurter Logen – 1908 war zusätzlich zu den Adlern erneut eine Loge „Zu den drei Quellen" gegründet worden – wurden 1935 geschlossen und zukünftig verboten. Daran änderte sich auch zu Zeiten der DDR nichts. Erst nach 1989 wurde die Gesellschaft durch Mainzer Freimaurer wiederbelebt. Nach einigen Anläufen existiert seit 2009 die Loge „Alpha Ori". Als Erinnerung an die weit zurückreichende Geschichte des Geheimbunds prangt das Freimaurersymbol noch heute weit oben über dem Anger.

Elena de F. Oliveira

So geht's zum Freimaurerzeichen:

Es ziert hoch oben den Giebel des Hauses am Anger 10.

JV PITER
SOL
VENVS
7
KUNSTHALLE

Roter Ochse

Erfurts freundlichstes Gesicht

Wollte man an Erfurts Fischmarkt das schönste Haus küren, fiele die Wahl ausgesprochen schwer. Konzentrierte man sich stattdessen auf das freundlichste Gesicht – von denen der Erfurter selbst einmal abgesehen –, so fiele die Wahl schon leichter: Der rote Ochse, der es sich über dem Tor von Haus Nummer 7 gemütlich gemacht hat, versprüht dermaßen viel Charme, dass sich der Betrachter dem einfach nicht entziehen kann und selbst zu lächeln anfängt. Was mag den roten Ochsen wohl so begeistern, dass er dermaßen erfreut dreinblickt?

Vielleicht, dass der Bauherr Jacob Naffzer (um 1529–1586), Erfurter Oberratsmeister, mit Waidhandel (siehe Geheimnis 26) zu großem Vermögen gekommen war, als er im Jahr 1562 das 1392 zum ersten Mal erwähnte Haus im Renaissance-Stil erneuern und nach dem damaligen Zeitgeschmack mit reichem Zierrat verschönern ließ? Auf einem breiten, über das ganze Erdgeschoss reichenden Fries wird der Namensgeber des Hauses von Figuren flankiert, die die Wochentage und fast alle griechischen Musen darstellen. Von links nach rechts sind Saturn (der Sonnabend), Mars und Jupiter (Dienstag und Donnerstag), Sol und Venus (Sonntag und Freitag), Merkur und Luna (Mittwoch und Montag) zu erkennen. Euterpe, Klio, Thalia, Erato, Polyhymnia und Melpomene, Terpsichore und Urania heißen die auf dem Fries angebrachten griechischen Musen. Warum die neunte Muse, namens Kalliope, fehlt, ist ungewiss. Auf dem Dach des Hauses befindet sich ein weiterer Römer, Zeichen von Erfurts Stolz und Unabhängigkeit (siehe Geheimnis 50). „Hier an der Via Regia zeigten selbstbewusste Erfurter ihren Reichtum mit prächtigen Wohn- und Geschäftshäusern wie dem Roten Ochsen", erzählt Stadtführerin Marlies Möller. „Waidhandel und besondere Handelsrechte spülten viel Geld in die Kassen."

Marlies Möller verfolgt die Veränderungen am Haus zum Roten Ochsen seit Jahrzehnten mit Interesse.

Das Stapelrecht verpflichtete durchreisende Kaufleute, in Erfurt Station zu machen und ihre Waren dort zum Kauf anzubieten, bevor sie weiterreisten. Das sogenannte Geleitsrecht wiederum zwang die Kaufleute dazu, auf der wichtigen Handelsstraße Via Regia durch Erfurt zu ziehen. So oder so: Sie mussten Geld in Erfurt lassen. Vielleicht hat der rote Ochse deshalb auch goldene Hörner.

Erfurts freundlichstes Lächeln.

Doch der freundliche Geselle erlebte nicht nur gute Zeiten. „Als ich 1963 nach Erfurt gezogen bin“, rekapituliert Marlies Möller, „befand sich das Gebäude in einem sehr schlechten Zustand. Damals gab es noch das Roland Kino. Das war schon 1913 ans Haus angebaut worden.“ Die Stadtführerin erinnert sich an ziemlich modrige Luft im Innern. „Das Haus wurde dann auch dichtgemacht und über einen längeren Zeitraum saniert. Erst 1979 ist es mit einer Ausstellung dreier Thüringer Künstler wieder eröffnet worden.“

Ein Ort der Kunst ist das von 2015 bis 2017 erneut sanierte Haus nun immer noch. Es beherbergt die Erfurter Kunsthalle, die ständig wechselnde Ausstellungen zeigt. All diesen Wandel an seinem Haus hat der Rote Ochse stets breit lächelnd hingenommen. Dazu hat er allen Grund: Wird das Gebäude, das er bewacht, doch gern als eines der schönsten Patrizierhäuser in Deutschland bezeichnet.

Kerstin Hohlfeld

So geht’s zum roten Ochsen:

Der rote Ochse befindet sich am Fischmarkt 7.

Über dem Kirchenraum erhebt sich das reich verzierte Orgelprospekt.

29

Orgel

Gottes Wort und Bachs Beitrag

Von außen lässt die Erfurter Michaeliskirche nicht erahnen, welch musikalischer Schatz die Besucher im Inneren staunen lässt. Die an der südwestlichen Seite gelegene Orgel, die sich über dem Kirchenraum erhebt, ist auf so prunkvolle Weise mit Gold und aufwändigem Schnitzwerk verziert, dass man sie für ein Schauinstrument halten könnte, auf dem sich niemand zu spielen traut. „Ein wahnsinnig schönes Prospekt, typisch 17. Jahrhundert", kommentiert auch Dr. Anselm Hartinger bei diesem Anblick. Der Direktor der Erfurter Geschichtsmuseen hat eine ganz persönliche Beziehung zu dieser Orgel, denn: Er spielt sie gelegentlich selbst. Und vermutlich hat dies lange vor ihm auch ein berühmter Mann getan.

Besoldete Organisten sind für die Michaeliskirche bis 1602 nachweisbar. Ab 1605 übernahm Balthasar Kühn (gest. 1648) diese

Funktion. Wie viele andere seiner Berufskollegen konnte er von seiner Organistenanstellung allein nicht leben und verdiente sein Geld gleichzeitig als Orgelbauer. Bei der Reparatur der Vorgängerorgel verunglückte Kühn 1648 durch einen Sturz von der Empore tödlich. Direkt unterhalb seiner letzten Wirkstätte sollte der Organist seine letzte Ruhestätte finden: Er wurde vor dem heutigen Eingang zum Michaeliskirchhof begraben. Da Kühns Nachfolger die Kunst des Orgelbauens nicht beherrschte und die finanziellen Mittel der Kirchengemeinde knapp waren, kümmerte sich zunächst niemand um den desolaten Zustand des Instruments.

Es war der berühmte Orgelbauer Ludwig Compenius (1603-1671), der sich seiner schließlich annahm. Aus Orgelteilen der 1649 abgebrochenen Georgskirche und der alten Orgel der Michaeliskirche erschuf er ein neues Instrument, das er 1652 fertigstellte. Nicht weniger namhaft als ihr Schöpfer war der Mann, der der Orgel ihre Töne entlockte. Seit Beginn des 17. Jahrhunderts beherbergte die Stadt eine weithin bekannte Musikerfamilie – die Bachs. Mit der Orgel in der Michaeliskirche waren sie durch eines ihrer Mitglieder verbunden. „Johann Egidius Bach war hier jahrzehntelang Organist", erzählt Anselm Hartinger. Der Vater dieses Bach-Sprösslings, Johann Bach (1604-1673), hatte sich 1635 als Stadtmusikant in Erfurt beworben (siehe Geheimnis 39) und gilt damit als Begründer der Erfurter Linie der Bach-Familie. Johann Egidius (1645-1716) war der Onkel zweiten Grades, gemeinhin auch Großcousin genannt, des namhaften Johann Sebastian Bach (1685-1750). Der bedeutende Komponist war durch seine verwandtschaftlichen Verbindungen und für dienstliche Angelegenheiten häufig in Erfurt zugegen.

Dr. Anselm Hartinger kennt so einige Geheimnisse rund um die Orgel der Michaeliskirche.

„Daher ist es nicht unwahrscheinlich, dass auch Johann Sebastian Bach schon an dieser Orgel gesessen hat", mutmaßt der Museumsdirektor.

Aus der einnehmenden Präsenz der Orgel lässt sich Hartinger zufolge die reformatorische Überformung des Gotteshauses ablesen. „Altar und Orgel korrespondieren regelrecht im Raum. Hier wurde quasi die reformatorische Idee, dass Gottes Wort auch in der Musik eine Rolle spielen muss, in ein gebautes Programm überführt", erläutert er. Und noch ein weiteres Geheimnis birgt das imposante Instrument für den Musik- und Geschichtswissenschaftler, nämlich ein akustisches. „Der unvorstellbar betörende Klang dieser Orgel, den man erst einmal gar nicht vermuten würde, hat die Wirkung, den Verstand auszuschalten und das Herz zu erreichen", ist Hartinger überzeugt. „Das, was sie mit ihrer äußerlichen Opulenz verspricht, löst die Orgel auch ein, wenn sie ertönt." Eine Ankündigung, von der man sich gern überzeugen lässt. Denn wenn sogar die Bach-Familienmitglieder gern auf dieser Orgel spielten, kann er damit nicht so falsch liegen.

„Das, was sie mit ihrer äußerlichen Opulenz verspricht, löst die Orgel auch ein, wenn sie ertönt."

Elena de F. Oliveira

So geht's zur Orgel:

Sie befindet sich an der südwestlichen Seite der Michaeliskirche in der gleichnamigen Michaelisstraße 10.

Bilderfries

Erinnerung an Erfurts Medizinische Akademie

Erfurt hat als Universitätsstadt eine lange Tradition, an die man 1994 mit ihrer Wiedergründung 178 Jahre nach ihrer Schließung anknüpfte. Doch auch während der Zeit, als Erfurt keine Universitätsstadt war, hat es hier renommierte Bildungseinrichtungen gegeben, so etwa die 1954 gegründete Medizinische Akademie. Ein schlichter Bilderfries in der Wilhelm-Külz-Straße führt auf die Spur der Hochschule, die Ende 1993 nach knapp 40 Jahren ihres Bestehens geschlossen wurde. Der aufmerksame Betrachter erkennt in Kalkstein gehauene Szenen aus Krankenbetreuung und Forschung.

„Das hier war der Haupteingang zum Hörsaal der zur Medizinischen Akademie gehörigen Frauenklinik", erzählt Regisseur und Stadtführer Reinhard Schwalbe. „In der Medizinischen Akademie Erfurt absolvierten die angehenden Mediziner nach dem Grundstudium ihre praktische Ausbildung. Es waren sogenannte Lehrkrankenhäuser."

Das schlichte, sehr sachliche Hörsaalgebäude entstand 1956. „Das ist der neoklassizistische Stil, in dem auch die Stalinallee gebaut wurde", erklärt Schwalbe. „So baute man damals überall auf der Welt – in Russland, in Amerika, in Frankreich, in den entsprechenden nationalen Varianten. Was wir in der DDR nicht wussten. Wir dachten, es sei stalinistisch."

Auffällig sind die hohen, schlanken Fenster. „Aus heutiger Sicht eine sehr leichte, fast heiter zu nennende Architektur", betont Schwalbe und fügt hinzu: „Wir waren früher voreingenommen dagegen." Was sicherlich damit zu tun hat, dass selbst das Bauen in der DDR nicht ohne den omnipräsenten ideologischen Überbau möglich war. Und es deshalb manchmal etwas Zeit und Abstand braucht, den besonderen Reiz daran zu entdecken.

Der in Kalkstein gearbeitete Fries zeigt Szenen aus dem Alltag der Medizinischen Akademie.

Die Medizinische Akademie setzte vier Jahrzehnte lang Erfurts bildungsreiche Tradition fort. Ihre Gebäude waren über die ganze Stadt verteilt. So gab es unter anderem eine Chirurgische Klinik, eine HNO- und Augenklinik, eine Pathologie und ab 1973 eine Abteilung für Mund-, Kiefer- und Zahnmedizin. „An der Gorkistraße erhielt die Frauenklink 1974 ein neu gebautes Bettenhaus und wurde auf diese Weise mit über 400 Plätzen zur größten Einrichtung ihrer Art in der DDR", weiß Schwalbe. Insgesamt standen den Patienten rund 2.100 Betten und 3.500 Mitarbeiter zur Verfügung.

„Als 1994 auf Initiative einer Bürgerbewegung, der heutigen Universitätsgesellschaft, die Universität in Erfurt wieder gegründet wurde, entschloss sich der Freistaat Thüringen, die Medizinerausbildung zugunsten der Universität Jena zu beenden", erzählt Schwalbe. „Die Gründe dafür waren wohl finanzieller Natur und darüber hinaus die beabsichtigte Neuprofilierung der Thüringer Universitäten, bei denen Erfurt der fachliche Schwerpunkt Geistes- und Sozialwissenschaften zugewiesen wurde."

Die Entstehung der Uni zog also die Schließung der Medizinischen Akademie nach sich. Das sorgte für Unmut, Unverständnis und Proteste in der Stadt, war es doch andernorts, in Magdeburg und Dresden, gelungen, die medizinischen Akademien als Fakultäten in die Universitäten einzugliedern.

Der alte Hörsaal wurde 2007 in ein Wohn- und Ärztehaus umgebaut. Nur der Bilderfries erinnert noch daran, dass hier einst Studenten ein und aus gingen.

Kerstin Hohlfeld

So geht's zum Bilderfries:

Der Fries befindet sich am ehemaligen Hörsaal der Frauenklinik in der Gorkistraße 5, Ecke Wilhelm-Külz-Straße.

Von außen gesehen zeigen die Fenster von links nach rechts: Theologie, Jurisprudenz, Medizin und Philosophie.

31

Stifterfenster

Die Älteste, die Erste und die Jüngste

Ob Goethes *Faust* wohl an der Erfurter Universität eingeschrieben war? Der studierte dem Beginn des vielzitierten Werks zufolge schließlich Philosophie, Juristerei, Medizin und Theologie – wenn auch der eigenen Aussage nach ohne steigernden Effekt auf seine Klugheit. Dass ebenjene vier Fakultäten in Erfurt tatsächlich erstmals vertreten waren, darauf deutet heute noch eine Reihe aus Farbglasfenstern hin, die sich oberhalb des gotischen Kielbogenportals am sogenannten Collegium maius befindet. Um diese zu entdecken, muss auch Dr. Anselm Räder den Kopf weit in den Nacken legen. Der Architekt und ehemalige Präsident der Universitätsgesellschaft weiß, wie die Fenster dorthin gelangten und was die Geschichte dahinter so einzigartig macht.

„Die Erfurter Universität nennt sich selbst *älteste und jüngste Universität Deutschlands*", beginnt Räder zu erzählen und betont:

„Das ist ein historisches Alleinstellungsmerkmal." Obwohl die Stadt bereits 1379 durch Papst Clemens VII. (1342-1394) das im Jahr zuvor beantragte Gründungsprivileg für eine Universität erhalten hatte, wurde die Hochschule erst 1389 errichtet und 1392 offiziell eingeweiht. Der Grund für die zeitliche Verzögerung war, dass es während des Abendländischen Schismas zwischen 1378 und 1417 zwei konkurrierende Päpste gab und sich der Erfurter Landesherr, Erzbischof Adolf von Mainz (1353-1390), auf die Seite Papst Urbans VI. (ca. 1318-1389) in Rom schlug. Die erste Stiftungsbulle von 1379 wurde somit nicht anerkannt, aber schließlich 1389 von Urban VI. erneuert. In der Zwischenzeit waren in Heidelberg und Köln Universitäten entstanden, mit ihrer Geburtsstunde 1379 ist die Hierana, wie die Universität Erfurt auch genannt wird, aber noch älter. Und noch eine weitere Besonderheit geht mit ihrer Entstehung einher. „Während es sonst üblicherweise die Landesherren waren, die die Universitäten spendeten, wurde das Gründungsprivileg hier von der äußerst starken Bürgerschaft beantragt", führt der Erfurter aus.

Dr. Anselm Räder kennt die Bedeutung des Fensters.

Das Collegium maius, seit 2011 Sitz des Landeskirchenamts der Evangelischen Kirche, war einst das repräsentative Hauptgebäude der Universität. Aufgrund einiger Beschädigungen, die der erste Vorgängerbau 1510 durch Ausei-nandersetzungen zwischen Studenten und Bürgerlichen erlitt, erhielt das neue Kolleg bei seiner Wiedererrichtung das imposante spätgotische Kielbogenportal. Hinter den vier Fenstern darüber entstand im Innenraum ein viersitziger Katheder, sprich das Pult, von dem aus die Professoren ihre Vorlesungen hielten. „Daher heißt das auch Kathederfenster", ergänzt Anselm Räder. „Wenn am Nachmittag die Sonne von Westen her schien, erstrahlte eine richtige Aura um den Kopf des Vortragenden. Gebaute Symbolik und Überhöhung."

Der ausgezeichnete Ruf der Universität lockte scharenweise Studenten in die Stadt, mit Martin Luther (1483-1546) beheimatete sie von 1501 bis 1505 ihren bekanntesten Schüler. Während ihrer Blütephase in der Zeit der Reformation und des Humanismus war die „Alma Mater Erfordiensis" nach Wien die am stärksten frequentierte Hochschule im deutschsprachigen Raum. Seit der Mitte des 16. Jahrhunderts nahm ihre Popularität jedoch immer mehr ab – bis die Universität 1816 geschlossen wurde.

„Für uns ist das ein Symbol von Bürgerstolz und Bürgerkraft."

Im Zuge der Säkularisation 1802 waren die kirchlichen Herrschaften aufgehoben worden, und Erfurt, das bisher zu Kurmainz gehört und dem dortigen Erzbischof unterstanden hatte, wurde preußisch. Während der Zeit der französischen Besetzung 1806 bis 1814 diente das Collegium maius als Magazin und Lazarett, dann fiel die Stadt wieder an Preußen zurück. „Aber Preußen hatte schon zwei Universitäten, nämlich in Frankfurt an der Oder und in Halle. Also wurde der Lehrbetrieb in Erfurt auf Anordnung von oben beendet", erzählt Anselm Räder. „Die überspitzte Version lautet: Da kam ein preußischer Offizier, zog seinen Säbel und machte die Erfurter Universität dicht." Tatsächlich sei ein solch drastischer Akt aber gar nicht nötig gewesen, räumt Räder ein: „Zu Beginn des 19. Jahrhunderts hatte die Universität ihre geistige Führungsstärke längst verloren, da musste niemand mehr einen Säbel ziehen." Mit der Abnahme der Wirtschaftskraft hatte die Stadt auch an Attraktivität eingebüßt. „Es gab damals mehr Lehrende als Studierende", verdeutlicht der Erfurter die Dimensionen.

Nach über einem Jahrhundert ohne Universität wurde das Gebäude, das sie von Beginn an symbolisierte, stark in Mitleidenschaft gezogen. „Das Collegium maius zählt zu den wesentlichen historischen Gebäuden in Erfurt, die im Februar 1945 durch eine britische Luftmine zerstört wurden", bedauert Räder die Kriegsschäden. Erst 1983 erfolgten anlässlich des 500. Geburtstags von

Martin Luther die ersten Maßnahmen für den Wiederaufbau und damit die Rekonstruktion des Portals.

Seit den 1950er-Jahren waren in Erfurt wieder Hochschulen entstanden, so die Medizinische Akademie (siehe Geheimnis 30), eine katholisch-theologische Hochschule – die einzige katholische Priesterausbildung in der DDR (siehe Geheimnis 19) – und eine pädagogische Hochschule. Eine Universität gab es jedoch seit ihrer Schließung nach wie vor nicht. Vor diesem Hintergrund entstand 1987 die Universitätsgesellschaft, eine Bürgerbewegung, die sich beherzt dafür einsetzte, dass zum einen die Universität wiedereröffnet und zum anderen als Symbol das Collegium maius wiederaufgebaut werden sollte.

Mit dem Jahresbeginn 1994 kam es zur Wiedergründung der damit jüngsten Universität Deutschlands. Somit realisierte sich das Hauptanliegen der Gesellschaft schneller als der Wiederaufbau des Kollegs. „Fehlende Finanzen und verwaltungsjuristische Vorschriften führten dazu, dass das Vorhaben stockte“, erzählt Räder, der damals Chef der beauftragten Denkmalpflegefirma war. „Also hat sich ein Serviceclub, dem ich auch angehöre, gesagt: Wir müssen hier etwas tun. Wir müssen der Stachel im Gesäß der Administration sein.“ Um die Kosten decken zu können, verkauften die Initiatoren von ihnen gestaltete Mappen mit den schönsten Seiten der Bibliotheca Amploniana, einer spätmittelalterlichen Sammlung historischer Handschriften und Bücher.
Von diesem Geld finanzierten sie auch die Farbglasfenster über dem Eingangsportal. „Stifterfenster sind immer im Duktus der zeitgenössischen Mode gehalten“, sagt Räder, „also mussten wir etwas entwerfen, was der heutigen Zeit entspricht.“ Die vier Fenster zeigen die vier Fakultäten der Universität. Von außen gesehen von links nach rechts: Theologie, Jurisprudenz, Medizin und Philosophie. „Das dritte Auge, die Strahlen der Weisheit und das Buch versinnbildlichen die Philosophie; der Äskulapstab mit der Schlange steht für die Medizin, das scharfe Schwert und die Waage für die Justiz; und das Kreuz und der Fisch symbolisieren die Theologie“, fasst der Stadtkenner zusammen. Er erwähnt außerdem, dass bei der Wahl der Motive ein weiteres Herausstellungsmerkmal des Hochschul-

standorts den Ausschlag gab: „Die Universität Erfurt war die erste im deutschsprachigen Raum, die alle vier klassischen Fakultäten besaß.“

Eine davon gibt es jedoch heute nicht mehr. Die Wiedereröffnung der Universität ging mit dem Wermutstropfen einher, dass die Medizinische Hochschule, die seit 1954 bestanden hatte, im gleichen Zuge geschlossen wurde, da die Kosten für beide wohl zu hoch waren. Auch das ursprüngliche Ziel der Bürgerbewegung, die Universität wieder innerhalb der Altstadt anzusiedeln, konnte nicht umgesetzt werden. Das Collegium maius ist jedoch nach wie vor ein ideeller Bestandteil und ein Spiegel ihrer einzigartigen Geschichte. „Es war ein bürgerschaftliches Engagement, als sie 1379 beantragt wurde, und es war ein bürgerschaftliches Engagement, sie hier wiederherzustellen“, bilanziert Anselm Räder. „Für uns ist das ein Symbol von Bürgerstolz und Bürgerkraft.“

„Da kam ein preußischer Offizier, zog seinen Säbel und machte die Erfurter Universität dicht.“

Und genau dies kommt auch in den farbigen Glasscheiben zum Ausdruck. Bleibt zu hoffen, dass sie wie andere Stifterfenster auch viele Jahrhunderte überstehen werden.

Elena de F. Oliveira

So geht's zu den Stifterfenstern:

Die Fenster befinden sich über dem Portal am Collegium maius in der Michaelisstraße 39.

Die Kanonenkugel über dem Schaufenster erinnert an einen folgenschweren Angriff auf Erfurt.

32

Kanonenkugel

Verheerender Angriff auf Erfurt

Cornelia und Andreas Meißner verbringen so manches Wochenende mit Städtereisen. „Erfurt hat uns so gut gefallen“, sagen die beiden Franken unisono, „dass wir ein paar Wochen nach unserem ersten Besuch gleich noch einmal hergekommen sind. Und da hat Cornelia die in einer Wand eingemauerte Kanonenkugel entdeckt.“

Etwas schwer zu entdecken ist sie schon – oberhalb eines Geschäfts in der Andreasstraße –, und deshalb werden wohl viele Touristen an ihr vorübergehen, ohne sie zu bemerken. Die meisten Passanten sind hier ohnehin auf den Anblick des imposanten Domplatzes konzentriert. „Wir haben uns natürlich Gedanken gemacht, was die Aufschrift *6. Nov. 1813* für einen Hintergrund hat“, sagt Andreas Meißner.

Wieder zu Hause, begannen die beiden zu recherchieren und kamen dabei einem spannenden Stück Geschichte auf die Spur – nicht nur in Bezug auf Erfurt. „Bis 1812 war Napoleon Bonaparte der Herrscher über fast ganz Europa“, erzählt Andreas Meißner. „Erst nachdem sich die Russen zusammen mit Österreich und Preußen, Großbritannien und Schweden gegen Napoleon auflehnten, kam seine Herrschaft ins Wanken und wurde 1815 beim Wiener Kongress beendet. Napoleon selbst wurde ins Exil verbannt.“

Cornelia und Andreas Meißner interessieren sich dafür, was rund um den 6. November 1813 in Erfurt geschah.

Bevor es so weit war, erlebte Europa schwere Kämpfe, darunter die bis dahin größte und blutigste Schlacht der europäischen Ge-schichte – die Völkerschlacht bei Leipzig. „Die Völkerschlacht tobte vom 16. bis 19. Oktober 1813, also nur wenige Wochen vor dem Datum auf der Kugel“, nennt Cornelia Meißner die Fakten. „Napoleon musste sich am Ende geschlagen geben. Unfassbar viele Soldaten verloren auf beiden Seiten ihr Leben.“

Seit 1806 war auch Erfurt in napoleonischer Hand. Preußen hatte die Schlacht gegen Frankreich bei Jena und Auerstedt verloren, die Festungsstadt Erfurt wurde danach ohne weitere Kampfhandlungen an die Sieger übergeben. „Napoleon hat sich mehrfach in Erfurt aufgehalten“, erzählt Andreas Meißner. „Und er hat durch eine Vielzahl von Gesetzen und Erlassen nicht nur hier, sondern in ganz Europa bleibende Spuren hinterlassen.“

Während der Kaiser und seine verbleibenden Truppen nach der Leipziger Völkerschlacht über Weißenfels, Erfurt, Eisenach und Frankfurt nach Mainz flohen, wo sie Anfang November den Rhein überquerten und nach Frankreich gelangten, wurde Erfurt von russischen, preußischen und österreichischen Truppen belagert. „Die französischen Besatzer gaben nämlich auf Napoleons Befehl hin Erfurt

nicht auf", erzählt Cornelia Meißner, „und deshalb begann am 6. November der Beschuss."
Rund 2.500 Kanonenkugeln gingen damals auf die Stadt nieder und hinterließen große Zerstörungen. Im Bereich um den nördlichen Domplatz brannte ein ganzes Wohnviertel nieder. Die Festung Petersberg mit den von Mauern und Bastionen umschlossenen Klostergebäuden wurde schwer beschädigt.
„Bei dem Angriff selbst wurden zwei Erfurter getötet", erzählt Andreas Meißner. „Was angesichts der starken Zerstörungen wenig erscheint. Die eigentliche Katastrophe für Erfurt folgte danach, denn erst im Mai 1814 wurde die Stadt endgültig befreit." Cornelia Meißner ergänzt: „Bis dahin kamen ungefähr 5.000 Menschen ums Leben. Die meisten von ihnen waren Soldaten, aber auch Erfurter Bürger starben. Schuld daran waren Krankheiten und Hunger in der eingeschlossenen Stadt." Die eingemauerte Kanonenkugel erinnert somit an ein besonders schweres Kapitel Erfurter Stadtgeschichte.

„Die französischen Besatzer gaben nämlich auf Napoleons Befehl hin Erfurt nicht auf, und deshalb begann am 6. November der Beschuss."

„Man kann wirklich froh sein, dass trotz des starken Beschusses so viel von Erfurts Altstadt erhalten blieb", sagt Cornelia Meißner abschließend, und ihr Mann fügt hinzu: „Wie gut, dass Conny die Kugel entdeckt hat. Sie hat uns einen interessanten Einblick in die europäische Geschichte gegeben."

Kerstin Hohlfeld

So geht's zur Kanonenkugel:

Die Kanonenkugel befindet sich über einem Schaufenster in der Andreasstraße 31, Ecke Weiße Gasse.

Alice Frontzek steht auf den gepflasterten Linien und rechnet – ganz im Sinne des Erfinders.

33

Linien

Nach Adam Riese …

Ein Parkplatz für Bobbycars mitten auf der Straße? Mit etwas Humor könnte man die dunkel aufgepflasterten Linien in der Michaelisstraße genau dafür halten: Wie ein Parkplatz für winzige Autos sehen sie aus. Vier Querlinien, dazwischen eine längs, sodass mehrere Felder entstehen. Gut vorstellbar, dass Kinder Lust bekommen, ihre meist heiß geliebten kleinen Fahrzeuge hier abzustellen. Allerdings wäre damit der Verkehr blockiert, und das macht ja nun wirklich keinen Sinn. Auch Gästeführerin Alice Frontzek wunderte sich über die Linien und versuchte herauszufinden, was es damit auf sich hat. Sie wurde fündig – vor einem weiter südlich in der Michaelisstraße stehenden Haus liegt ein ganz ähnliches Muster, allerdings nicht aus Pflastersteinen, sondern als Bronzetafel, deutlich feiner, deutlich kleiner, mit mehr Linien und obendrein noch mit kleinen Perlen versehen. Beides erinnert an den gleichen Mann – und an die gleiche Sache: Adam Ries, auch Riese genannt, und das von ihm erdachte Rechnen auf Linien. „In dem Haus, vor dem die Bronzetafel liegt, dem Haus zum Schwarzen Horn, ließ Ries zwei seiner berühmten Rechenbücher drucken. Hier war die Druckerei von Mathes Maler untergebracht", erklärt Frontzek (siehe Geheimnis 36). „Die Bronzetafel soll daran erinnern. Viel unbekannter sind die Linien, die gepflastert wurden, weil Ries in dem dahinter liegenden Haus wohnte, es war das Gästehaus der Universität."

Adam Ries, 1492 in Staffelstein geboren und 1559 gestorben, zählte 25 Lenze, als er 1518 für fünf Jahre nach Erfurt kam. Hier gründete er eine Rechenschule, in der er Handwerker und Kaufleute unterrichtete. „Erfurt war eine bedeutende Handelsstadt und der Bedarf an Rechenmeistern groß", erklärt Alice Frontzek. „Sein Anliegen war, dass auch die einfachen Leute des Rechnens mächtig werden." Deshalb gründete Ries nicht nur eine Schule, er brachte auch ein Rechenbuch heraus – und zwar, für die damalige Zeit absolut untypisch, in deutscher statt in lateinischer Sprache. „Das Buch wurde zum Bestseller", hat die Gästeführerin recherchiert. Vor allem aber war es das – im Buch auch erklärte – Rechnen auf Linien, mit dem er sein Ziel, die Mathematik einer breiteren Masse zugänglich zu machen, erreichte. Und das funktioniert so: Auf einem Rechenbrett oder einem Rechentuch wird mithilfe von Pfennigen addiert, subtrahiert, multipliziert oder dividiert. Wenn die Pfennige entsprechend verschoben werden, kann anschließend das Ergebnis abgezählt werden. Je nachdem in welcher Linie sich die Pfennige befinden, haben sie einen unterschiedlichen Wert, nämlich 1 in der ersten Linie, 5 im ersten Zwischenraum, 10 auf der zweiten Linie, 50 im zweiten Zwischenraum,

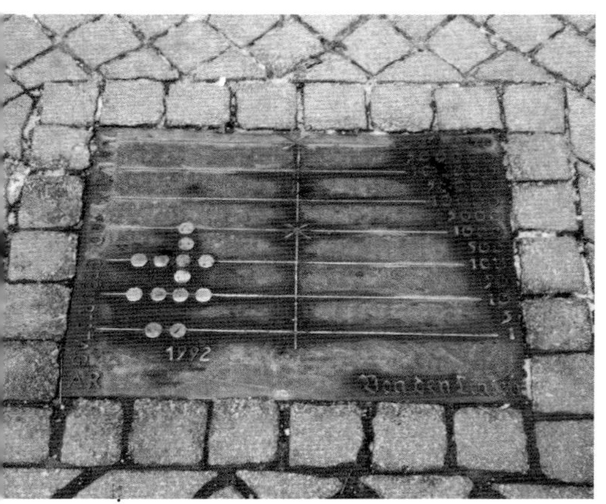

Auch die Bronzeplatte erinnert an das Rechnen auf Linien.

100 auf der dritten Linie, 500 im dritten Zwischenraum. Ein X steht für Tausend.

„Die Linien vor den Häusern, in denen er drucken ließ und lebte, sollen das Rechnen auf Linien symbolisieren", sagt Frontzek. Denn Erfurt ist stolz darauf, dass der so berühmte Mann – dessen Namen wohl jedes Kind im Matheunterricht schon mal gehört hat, weil der Mathelehrer etwas nach Adam Riese rechnet – hier für einige Jahre lebte und wirkte. Doch warum heißt das Sprichwort eigentlich „nach Adam Riese", wo sein Name doch Ries war? „Das ist einfach nur die flektierte Form", erklärt Frontzek. „Die Nachnamen variieren von Ries über Ris, Rys, Reyeß bis eben hin zur flektierten Form Riese."

„Die Linien vor den Häusern, in denen er drucken ließ und lebte, sollen das Rechnen auf Linien symbolisieren."

Ihre Bobbycars können die kleinen Erfurter also nicht in der Michaelisstraße parken. Aber wenn gerade kein Auto kommt, können sie mit vollem Körpereinsatz Rechnen auf Linien spielen – abgewandelt nach der Art des beliebten Spiels Himmel und Hölle, bei dem mit Kreide Felder auf die Straße gemalt werden. Adam Ries würde dieser lebendige Umgang mit der Mathematik sicher gefallen.

Eva-Maria Bast

So geht's zu den Linien:

Sie sind auf der Straße vor dem Haus Michaelisstraße 38 aufgepflastert.

Chrestensenhof
WILLRODE
ERBAUT UM 1439
RESTLOS
BISTRO
NICHTS SCHMECKT BESSER!

34

Grüner Schriftzug

Blumengrüße aus Erfurt

Über dem Toreingang zur Marktstraße ist in großen Lettern *Chrestensenhof* zu lesen. Was der Schriftzug mit dem Daumen eines Dänen gemeinsam hat, der 1864 nach Erfurt kam? Ganz einfach: Sie sind beide grün! „Niels Lund Chrestensen, der Begründer des bekannten Gartenbauunternehmens, eröffnete hier 1867 sein erstes Ladengeschäft", verrät Birgitt Röder. Die Gästeführerin weiß außerdem, weshalb es den dänischen Landsmann in die Stadt an der Gera verschlug, warum er blieb und welche Pionierarbeit er leistete. Doch zur Erklärung bedarf es ein wenig Vorgeschichte.

Durch den Waidhandel (siehe Geheimnis 26) und die sich hier kreuzenden bedeutenden Handelsstraßen war Erfurt seit dem Mittelalter eine wohlhabende Stadt. „Mit dem Reichtum war es allerdings nach dem Dreißigjährigen Krieg vorbei", erzählt Röder. „Die Felder um Erfurt waren verwüstet, der Waidanbau nicht mehr möglich. Durch die aufkommende Seefahrt hatte man außerdem in Übersee den Indigostrauch entdeckt, der wesentlich einfacher zu verarbeiten war", führt sie die Gründe auf. Es war der Erfurter Ratsherr Christian Reichart (1685-1775), der die Stadt aus der wirtschaftlichen Krise führte. „Er gilt als Begründer des gewerblichen Gartenbaus in Deutschland", sagt Röder. In seiner Heimatstadt habe er unter anderem den Anbau von Artischocken, Brokkoli, Blumenkohl und Brunnenkresse kultiviert. Letztere diente in den Wintermonaten als wichtiger Vitamin-C-Lieferant.

Aus Erfurts Ruf als Hochburg des Gartenbaus resultierte, dass viele Gartenbaufirmen sich hier niederließen und angehende Gärtner in die Stadt strömten. „Wer es zu dieser Zeit im Handwerk zu etwas bringen wollte, ging auf Wanderschaft, bevor er seinen Meister machte", beschreibt Birgitt Röder die damaligen Gepflogenheiten. „Und wer im Gartenbau etwas auf sich hielt, für den führte kein

Birgitt Röder weiß, was dieser Schriftzug mit einem dänischen Daumen gemeinsam hat.

Weg an Erfurt vorbei.“ So kam es, dass auch der junge Däne Niels Lund Chrestensen (1840-1914) während seiner Wanderjahre den Weg in die Blumenstadt fand – und dort die Liebe. „Er verguckte sich in eine Erfurter Blumenbinderin“, berichtet die Gästeführerin, „und blieb.“

Nachdem Chrestensen zunächst als Gehilfe, dann als Obergärtner gearbeitet hatte und 1867 eingebürgert worden war, gründete er im selben Jahr sein eigenes Geschäft, dessen Hauptaugenmerk auf der Binderei von Blumensträußen und Kränzen lag. Chrestensens Talent für ausgefallene Blumengebinde war bereits früh erkannt worden. Darüber hinaus interessierten den Dänen Mittel und Wege, um diese haltbar zu machen, und so entwickelte er ein spezielles Trocknungsverfahren. „Um die Jahrhundertwende war es in Mode gekommen, getrocknete Blumen hinter Glas als Bilder zu verschenken oder gewachste Blumen zu verschicken“, veranschaulicht Röder den Geschmack der damaligen Zeit. Auch die sogenannten Markartsträuße, die aus getrockneten Blumen, Palmwedeln, Binsen und Gräsern bestanden, schmückten manche großbürgerliche Wohnung.

Mit seinem Unternehmen war Chrestensen so erfolgreich, dass er zum Hoflieferanten der österreich-ungarischen Monarchie ernannt wurde und 1883 die Silberhochzeit des deutschen Kronprinzenpaares mit Blumenschmuck ausstaffierte. In diesem Jahr errichtete er zudem eine eigene Gärtnerei, um selbst Samen und Frischblumen produzieren zu können. Damit legte er den Grundstein für den Schwerpunkt der Firma als Samen- und Pflanzenzuchtbetrieb. Zwischen seiner Gärtnerei und dem Ladengeschäft in der Marktstraße bestand ab 1884 eine ganz besondere Verbindung: die erste Fernsprechverbindung der Stadt. Denn, wie die Gartenhistorikerin und Journalistin Antje Peters-Reimann schreibt: „Auch für technische Neuerungen war Niels Lund Chrestensen immer zu haben […].“

Um ständig am botanischen Puls der Zeit zu bleiben, besuchte der Gärtner Vorlesungen in Berlin und suchte auf seinen Reisen in ferne Lande sowohl Inspiration als auch Handelspartner. Genauso bemüht wie um das Angebot für seine Kunden zeigte sich Chrestensen den Ausführungen Peters-Reimann zufolge um das Wohlergehen seiner Mitarbeiter: „Als Belohnung für die Angestellten in der Binderei gab es Apfelsinen und ein Leierkastenmann spielte zur Unterhaltung während der Arbeit."

1908 war Chrestensen an der Grundsteinlegung für eine Organisation beteiligt, die noch heute weltweit manchem Blumenliebhaber ein Lächeln ins Gesicht zaubert: die Blumenspenden-Vermittlungsvereinigung, mittlerweile bekannt als Fleurop. „Zusammen mit Max Hübner, einem Gärtnermeister aus Berlin, erprobte er eine neue Art des Blumenversands", erzählt Birgitt Röder. „Anstatt die Bestellungen selbst direkt an den Adressaten zu verschicken, erhielt das Blumengeschäft am Zielort alle notwendigen Informationen, also wie viele Blumen von welcher Sorte, zu welcher Qualität und zu welchem Preis. Das verkürzte die Lieferwege enorm."

„Und wer im Gartenbau etwas auf sich hielt, für den führte kein Weg an Erfurt vorbei."

Seine Pionierarbeit brachte dem engagierten Dänen zahlreiche Preise und Auszeichnungen ein und beförderte den internationalen Erfolg des Unternehmens N. L. Chrestensen, das bis heute Bestand hat. Die grünen Buchstaben am Stammhaus in der Marktstraße erinnern an das erste Ladengeschäft als Keimzelle der Gartenbaufirma und an den mindestens genauso grünen Daumen des Gründungsvaters. Für den Schriftzug wäre keine Farbe passender gewesen.

Elena de F. Oliveira

So geht's zum grünen Schriftzug:

Die grünen Lettern befinden sich über dem Toreingang zur Marktstraße 38.

Wenn Weihbischof Dr. Reinhard Hauke die Treppen zum Dom hochsteigt, zählt er in Gedanken mit.

35

Domtreppen

Vollkommen selige Stufen

Von zahlreichen Dingen, die sie im Mathematikunterricht lernen, glauben Schüler, dass sie sie später im Alltag nie wieder brauchen werden. Das kleine Einmaleins gehört sicherlich nicht dazu. Doch wer hätte gedacht, dass das Multiplizieren von Zahlen bei so scheinbar belanglosen Dingen wie einer Treppe von Nutzen sein könnte?

Wenn erwachsene Besucher die Stufen zum Domberg erklimmen, tun sie das meist, ohne sich darüber Gedanken zu machen. Ganz im Gegensatz zu Weihbischof Dr. Reinhard Hauke. Der beobachtet außerdem häufig, dass Kinder im Laufen die Treppenstufen zählen und oben angekommen darüber debattieren, wie viele es denn nun wirklich waren.

Wer eine Treppenanlage errichtet, kann dies aus dem einfachen Grund heraus tun, eine Höhe überwinden zu wollen. Wie die Treppe aussieht, ist dabei nebensächlich. Oder aber, die Erbauer nutzen die Architektur, um mit ihr eine Aussage zu treffen, und integrieren verschiedene Zahlensymboliken – wie im Fall der Domtreppen. „Interessanterweise unterteilen sich die sogenannten großen Domtreppen, die zum Domplatz hinunterführen, in fünf Treppenabsätze mit jeweils 14 Stufen", sagt Hauke und beweist, dass auch er in Mathe aufgepasst hat: „Es sind also insgesamt 70 Stufen." Jeder, der etwas über biblische Symbolik weiß, merke normalerweise auf, sobald die Zahl 7 erscheint, so der Weihbischof. „Die Bibel ist voll davon", stellt er fest und zählt einige Beispiele auf: „Es beginnt bereits mit dem Sieben-Tages-Rhythmus der Schöpfungsgeschichte, aber wir haben auch sieben Sakramente und im Lukasevangelium ist von 70 Jüngern Jesu die Rede."

Die gebaute Symbolik findet sich auch in den anderen Treppen rund um das Gotteshaus wieder. „Die Stiftstreppe an der Südwestseite des Doms nimmt ebenfalls auf die 7 Bezug. Es sind 7 mal 7 Stufen", weiß Hauke, und auch zu dieser Konstellation findet er ein Beispiel aus der Bibel. „Die Jünger fragten Jesus einst, wie oft sie ihren Feinden vergeben müssten. 7-mal? Und Jesus antwortete ihnen: 7 mal 7-mal. Oder 7 mal 70-mal, das ist in der Übersetzung nicht ganz klar. Aber es bedeutet eigentlich ohne Grenze, unendliche Male, denn die 7 ist die größte einstellige Primzahl, und die kann man bekanntlich nicht teilen." Was das für denjenigen bedeutet, der die Stufen betritt? „Das ist eine Einladung zum Nachdenken", deutet Hauke das Zahlenspiel. „Wenn ich den Domberg über die Stiftstreppe erklimme, um oben Gottesdienst zu feiern, sollte ich vorher überlegen, wie vielen Menschen ich heute vergeben muss."

Etwas kniffliger wird es bei einem dritten Aufgang, der zu einem Außenplateau führt und dessen acht Absätze immer acht Stufen fassen. „Warum ausgerechnet diese Treppe in Achterschritte unterteilt wurde, hat uns lange beschäftigt", erzählt der Würdenträger. Während die 7 in der christlichen Symbolik eine Zahl der Vollkommenheit ist, steht die 8 für die Seligkeit. Und tatsächlich stellte sich bei der Suche nach des Rätsels Lösung heraus, dass am Ende der Treppe die Seligkeit wartete. „Wir entdeckten auf dem

Plateau eine alte Friedhofsanlage. Bei den Grabungen kamen Unmengen an Gebeinen zum Vorschein“, schildert Hauke den Fund. „Darum hieß der Aufgang früher Totentreppe.“ Der Weihbischof findet es eine schöne Vorstellung, dass die Verstorbenen, die auf dem Plateau ihre letzte Ruhe fanden, auch im übertragenen Sinne dem Himmel ein Stückchen näherkamen: „Über die Treppenanlage von 8 mal 8 Stufen wurden sie bereits in die Seligkeit hineingetragen.“

„Das ist eine Einladung zum Nachdenken.“

Umso mehr bedauert Reinhard Hauke, dass bei heutigen Bauvorhaben hauptsächlich finanzielle und pragmatische Überlegungen im Vordergrund stünden, während das Wissen um Zahlensymboliken aus den Köpfen verschwunden sei.

Auch wenn nicht jeder Besucher der Anzahl der Stufen unter seinen Füßen Beachtung schenkt – genug Zeit zum Nachdenken bietet der Weg nach oben allemal.

Elena de F. Oliveira

So geht's zu den Domtreppen:

Die sogenannten großen Domtreppen führen vom Domplatz im Nordosten auf den Domberg hinauf. Die Stiftstreppe befindet sich im Südwesten des Kirchengebäudes.

Reinhard Nymbach unterhält sich vor dem Haus zum Schwarzen Horn mit seiner Frau Inge.

36

Schwarzes Horn

Erfurt als wichtige Druckerstadt

Wenn man irgendwo ein Horn entdeckt, dann denkt man gemeinhin zuerst entweder an die Post oder ans Trinken. „Mit beidem haben die schwarzen Hörner an der Fassade des Hauses zum Schwarzen Horn aber nichts zu tun“, verrät der Erfurter Reinhard Nymbach, der, auf der Suche nach Besonderheiten, tagein, tagaus in seiner Heimatstadt unterwegs ist. Die kleinen Hörner an besagtem Haus, als Zierelemente über der Tür eingelassen, sind, wie es der Name schon sagt, rabenschwarz und sollen darauf verweisen, dass sich in dem Haus im 15. und im 16. Jahrhundert eine Druckerei befand, also mit Druckerschwärze gearbeitet wurde. „Angeblich wurde Druckerschwärze früher in Hörnern aufbewahrt“, erklärt Gästeführer Reinhard Nymbach.

Beheimatet war hier nicht irgendeine, sondern eine ganz besondere Druckerei: Errichtet wurde sie 1499 von Wolfgang Schenk, und der machte sich damit einen Namen, dass er als erster Drucker Deutschlands vermehrt auch griechische Schrifttypen verwendete und eines der ersten Bücher druckte, in dem sich vorwiegend griechische Textpassagen fanden. Sein Nachfolger, Mathes Maler, sollte in seiner Branche ebenfalls bekannt werden: Er druckte die ersten Rechenbücher von Adam Ries (1492-1559, siehe Geheimnis 33). Und noch einen weiteren prominenten Mann hat er verlegt: Er vervielfältigte zahlreiche Reformationsschriften Martin Luthers (1483-1546), als dieser in den Jahren 1501 bis 1511 seinen Wohnsitz in Erfurt hatte. 1524 wurde in Malers Hause das „Erfurter Enchiridion", eines der ersten protestantischen Gesangbücher (siehe Geheimnis 09), verlegt. „Etliche dieser Lieder wurden sehr bekannt, viele von ihnen finden sich heute noch im Evangelischen Liederbuch", sagt Reinhard Nymbach. Davor waren die protestantischen Lieder auf einzelne Blätter gedruckt und verbreitet worden. Das Erfurter Enchiridion erschien allerdings nicht nur bei Maler, sondern kurz zuvor bei seinem Konkurrenten Johannes Loersfeld.

Damals galt Erfurt, das kann man mit Fug und Recht behaupten, als Hochburg der Reformation und des Humanismus – und als wichtiges Druckzentrum, die Stadt war einer der ältesten Druckorte Deutschlands. In den Jahren 1500 bis 1551 sind 1095 Drucke für Erfurt belegt.

Und so verwundert es auch nicht, dass das erste Thüringer Buch an Heiligabend 1479 in Erfurt fertiggestellt wurde – und zwar im Benediktinerkloster St. Peter und Paul auf dem Petersberg.

Eva-Maria Bast

So geht's zum Schwarzen Horn:

Das Haus steht in der Michaelisstraße 48. Die beiden schwarzen Hörner befinden sich über dem Eingang.

Fast nicht zu erkennen: Rechts oberhalb von Tim Erthels Hand befindet sich der Stein mit den eingeritzten Ziffern.

37

Eingeritzte Ziffern

Wenn die Zeit nur tags vergeht

Man muss schon ganz genau hinschauen, um sie zu erkennen. Doch wer sie dann sieht, steht vor einem Rätsel: Rechts oberhalb des Eingangs zur Augustinerkirche ist eine Zahlenreihe in den Stein geritzt, hauptsächlich Ziffern, ein paar der Zeichen könnten auf den ersten Blick aber auch Buchstaben sein. Wie in einem imaginären Quadrat verlaufen sie über Eck von unten links über unten rechts nach oben rechts. Zu welchem Zweck sie das tun und weshalb sie an der Fassade des Gotteshauses angebracht wurden, erschließt sich jedoch nicht ohne Erklärung.

Auch Kunsthistoriker Tim Erthel stolperte eines Tages über die rätselhaften Zeichen in der Wand und fand heraus: In einer Zeit, als man selbige noch nicht auf Armbanduhren und Mobiltelefonen ablesen konnte, boten diese Zahlen vielen Leuten Orientierung – denn es handelt sich um eine alte Sonnenuhr! Diese ist jedoch kaum noch als solche zu erkennen. „Wind und Wetter haben ihr im Laufe der Zeit stark zugesetzt“, stellt der Kunsthistoriker fest.

Nur noch ganz schwach sind die in den Stein geritzten Ziffern von 12 bis 8 auszumachen, die von unten links nach oben rechts in einem Viertelkreis verlaufen. „Die 12 erkennt man nicht sofort, weil die 2 wie ein Z aussieht“, kommentiert Erthel. „Es fehlt heute außerdem der Schattenstab, man sieht aber noch, wo er angebracht war“, sagt er und deutet auf zwei kleine eingelassene Punkte, an denen sich oben links einst der Stab und unten rechts dessen Stütze befanden. „Wenn Sie ganz genau hinschauen, sehen Sie auch noch die feinen, unscheinbaren Stundenlinien, die vom Fußpunkt des Schattenstabs zu den Ziffern führen“, fügt der Kunsthistoriker hinzu.

Bei dem an der Westfassade der Kirche eingemeißelten Zeitmesser handelt es sich um eine Nachmittagssonnenuhr. „Da die Sonne hier nur in den Nachmittags- und Abendstunden hinkommt, zeigt die Uhr erst die Stunden ab zwölf Uhr mittags an“, erklärt Erthel. „Wenn die Tage im Juni und Juli besonders lang sind, konnte man hier die Zeit bis acht Uhr abends ablesen.“ Die Wahrscheinlichkeit ist der Einschätzung des Experten nach groß, dass sich einst noch eine zweite Sonnenuhr am Augustinerkloster befand.

Die Zeichen, Linien und Punkte im Stein sind heute kaum noch zu erkennen.

Ihre Funktion hat die kleine historische Sonnenuhr schon lange verloren. Wie alt sie ist, lässt sich nicht mehr genau sagen. „Möglicherweise wurde sie bereits im ersten Viertel des 16. Jahrhunderts angelegt, als das katholische Kloster hier noch bestand. Dann hätte sie vielleicht sogar Martin Luther noch zu seinen Zeiten als Mönch gesehen“, mutmaßt Erthel. Ab

1525 wurde die Augustinerkirche im Zuge der Reformation als evangelische Gemeindekirche genutzt. „Von der Gestaltung der Ziffern ausgehend würde ich jedoch sagen, dass die Uhr nicht spätmittelalterlich ist, sondern jünger, eher 18. Jahrhundert“, schlussfolgert der Stadtkenner.

Doch wieso brachte man überhaupt solche Sonnenuhren an Gotteshäusern an? Diese Art der Zeitmessung hat in der Stadt an der Gera eine lange Tradition, wie Erthel selbst in seiner Bestandsaufnahme *Historische Sonnenuhren in der Erfurter Altstadt* schreibt: „Erfurt war früh ein wichtiger Ort der Himmelskunde und spielt in der Entwicklung der Sonnenuhren eine große Rolle.“ So wurde im 15. Jahrhundert an der Erfurter Universität auch Gnomonik gelehrt, „die Lehre von der Berechnung und Konstruktion der Sonnenuhr“. Darüber hinaus „war die Stadt an der Gera ein bedeutendes Zentrum des Baus astronomischer sowie mathematisch-physikalischer Geräte.“ Vor allem die Benediktinermönche befassten sich mit der Kunst der Zeitmessung, wovon an der Peterskirche allein drei Sonnenuhren unterschiedlichen Alters zeugen.

„Wenn die Tage im Juni und Juli besonders lang sind, konnte man hier die Zeit bis acht Uhr abends ablesen.“

Man könnte es fast als Ironie des Schicksals begreifen, dass die Sonnenuhr an der Augustinerkirche wie viele andere gerade deshalb nicht mehr ihre eigentliche Funktion erfüllen kann, weil das, was sie einst anzeigte, nicht an ihr vorbeiging – und dies wohl auch zukünftig nicht tun wird: die Zeit.

Elena de F. Oliveira

So geht’s zu den eingeritzten Ziffern:

Sie befinden sich in etwa zwei Meter Höhe am Westportal der Augustinerkirche in der Augustinerstraße 10.

38

Bronzetafel

Verliebt in einen Löwen

IN DIESEM HAUSE WOHNTE GUSTAV ADOLFS GEMAHLIN KÖNIGIN MARIE ELEONORE VON SCHWEDEN WÄHREND U. NACH DER SCHLACHT VON LÜTZEN NOVEMBER DEZEMBER 1632. Fast niemand der Vorbeigehenden schenkt der grün angelaufenen Bronzetafel Beachtung, die in die Fassade des Hauses am Anger 11 eingelassen ist. Über der Inschrift befinden sich noch die Darstellung eines Löwen, ein Kreuz sowie die Jahreszahlen 1632 und 1928.

„Hier war während des Dreißigjährigen Krieges die schwedische Statthalterei untergebracht", weiß Birgitt Röder über den 1577 errichteten Renaissancebau zu berichten. Mit Liebespaaren der Erfurter Geschichte kennt sich die Gästeführerin besonders gut aus. So auch mit Eleonora (1599-1655) und Gustav II. Adolf von Schweden (1594-1632). „Wer die Inschrift genau liest, dem fällt auf, dass nur die Königin hier residierte, ihr Mann wird nicht erwähnt", lenkt Röder die Aufmerksamkeit zurück auf die Bronzetafel.

Auf der Suche nach einer protestantischen Braut kamen Gustav Adolf Berichte über die Schönheit der gebürtigen Hohenzollern-Prinzessin Maria Eleonora von Brandenburg zu Ohren. Um sich selbst davon zu überzeugen, reiste er 1618 inkognito nach Berlin – und beschloss, sie heiraten zu wollen, woraufhin die Verhandlungen begannen. Die Vermählung mit dem schwedischen Regenten verdankte Eleonora mehr oder weniger ihrer Mutter Anna von Preußen (1576-1625). Eleonoras Bruder Georg Wilhelm (1595-1640), seit dem Tod des Vaters 1619 amtierender Kurfürst, hatte sich gegen die Heiratspläne gestellt. Anna von Preußen nutzte 1620 jedoch die Gelegenheit, um in seiner Abwesenheit das Eheversprechen ihrer Tochter in die Wege zu leiten. Am 25. November 1620 wurde in Stockholm Hochzeit gefeiert und Eleonora drei Tage später zur schwedischen Königin gekrönt.

Gästeführerin Birgitt Röder zeigt in Richtung der grün angelaufenen Bronzetafel am Anger.

Der Historiker August Friedrich Gfrörer beschreibt sie als „schön aber phantasielos, eigensinnig, und von sehr beschränktem Geiste, dabei mit einer großen Gabe fürstlichen Geburtsstolzes gesegnet, der in deutschen Häusern sich besonders häufig findet." Zudem galt Eleonora als sehr verschwendungssüchtig. „Sie hatte eine Vorliebe für Parfüm, was zu ihrer Zeit etwas äußerst Kostspieliges war", verrät Birgitt Röder.

Obwohl die Ehe des Königspaares eher schwierig verlief, wird Eleonora, bei allen charakterlichen Schwächen, die ihr zugeschrieben werden, nachgesagt, dass sie Gustav Adolf sehr zugetan war. Allein hielt sie es nie lange aus, und ohnehin weilte sie nicht gern in Stockholm, sodass sie sich ihrem Gatten auf seinen Reisen häufig anschloss.

Die Liebe zu ihrem Mann war es schließlich auch, die die angeblich schönste Königin Schwedens 1632 in die Stadt an der Gera verschlug – und der Krieg. „Sie begleitete Gustav Adolf sozusagen auf einer Dienstreise nach Erfurt", erzählt die Stadtkennerin. Der Schwedenkönig unterstützte die protestantische Union im Kampf gegen die katholische Liga (siehe Geheimnis 23). Während Gustav Adolf bei seinen Aufenthalten im Gasthaus „Zur Hohen Lilie" am Domplatz weilte, wohnte seine Gemahlin in der schwedischen Statthalterei am Anger und somit in der Nähe zur Kaufmannskirche, die den schwedischen Truppen bis zu ihrem Abzug 1650 als Garnisonskirche diente. Birgitt Röder weiß, weshalb das Paar getrennte Quartiere bezog. „Bei den Männern ging es immer ein wenig hoch her, das war nichts für die feinen Frauenzimmer", erklärt sie.

Die bronzene Plakette erinnert an hochherrschaftlichen Besuch.

Eleonoras Aufenthalt in Erfurt nahm ein tragisches Ende. „Hier erhielt sie die Nachricht vom Tod ihres Gemahls", schildert die Gästeführerin den schweren Schicksalsschlag. In der Schlacht bei Lützen, aus der die Schweden als Sieger hervorgingen, fiel Gustav Adolf am 16. November 1632. Selbst nach seinem Ableben trennte sich Eleonora ungern von ihm. Seinen Leichnam ließ sie einbalsamieren und ein ganzes Jahr aufbahren, sein Herz trug sie sogar in einer Dose immer bei sich .

Die vermutlich 1928 angefertigte Bronzetafel wurde anlässlich des 300. Todestages Gustav Adolfs von der schwedischen Regierung gestiftet. Da der Schwedenkönig den Beinamen „Löwe des Nordens" trug, liegt die Vermutung nahe, dass es sich bei der Darstellung um eine Allegorie Gustav Adolfs handelt, neben der das Kreuz und die Jahreszahl auf sein Sterbedatum hinweisen. Der Ironie der Geschichte geschuldet, trug das Haus, in dem Eleonora vom Tod ihres Gatten erfuhr, bis 1870 den Namen „Zum Schwarzen Löwen". Während Gustav Adolfs noch heute als Verfechter des protestantischen Glaubens gedacht wird, erinnert die Plakette an den Spruch, dass hinter jedem erfolgreichen Mann immer eine starke Frau steht.

„Bei den Männern ging es immer ein wenig hoch her, das war nichts für die feinen Frauenzimmer."

Elena de F. Oliveira

So geht's zur Bronzetafel:

Die Tafel befindet sich rechts an der Fassade des Hauses am Anger 11.

Schwarzes Ross

Ein Besuch bei den „Bachen“

Die Krämerbrücke ist Erfurts Touristenmagnet. Und das zu Recht, ist sie doch aufgrund ihrer beidseitigen durchgängigen Bebauung einzigartig im Europa nördlich der Alpen. Hier können Besucher Kunsthandwerk kaufen, Schokolade naschen, einem Puppenschnitzer in die Werkstatt spähen, nach Thüringer Spezialitäten Ausschau halten und – sofern sie davon wissen – Erfurter Geschichte und Geschichten erfahren.

Doreen Jedersberger, Bloggerin und Herausgeberin der Website „Kinder in Erfurt“, kennt so eine Geschichte – die der Familie Bach. Bei dem Namen muss niemand lange überlegen. Natürlich ist bekannt, dass Johann Sebastian Bach (1685-1750) – neben Georg Friedrich Händel (1685-1759), Heinrich Schütz (1585-1672) und Georg Philipp Telemann (1681-1767) – einer von Deutschlands berühmtesten Barockkomponisten ist. Und er ist ohne Zweifel die bekannteste Person der thüringischen Familie Bach, deren Spuren eben nicht nur nach Eisenach, wo Johann Sebastian geboren wurde, sondern ebenso nach Erfurt weisen.

Die Bloggerin zeigt auf ein metallenes Schild – ein schwarzes springendes Pferd, das über dem Erdgeschoss von Haus Nummer 19 angebracht ist – und erklärt, was es mit der Familie Bach zu tun hat. „Hier auf der Krämerbrücke, im sogenannten Haus zum Schwarzen Ross, hat Johann Bach gewohnt“, erzählt sie. „Der lebte von 1604 bis 1673 und war Johann Sebastians Großonkel.“

Die Herkunft der Familie Bach lässt sich bis nach Ungarn zurückverfolgen. Ein Bäcker namens Vitus (oder Veit) Bach (1550-1619) kam im 16. Jahrhundert als Glaubensflüchtling ins protestantische Thüringen und ließ sich im Dorf Wechmar nieder. Er übte weiterhin sein Handwerk aus, aber es ist belegt, dass er ein Zupfinstrument namens Cister spielte. Sein Sohn Johannes (um 1580-1626) übernahm das Bäckerhandwerk, fungierte jedoch ebenso als

Was das Haus zum Schwarzen Ross mit der Familie Bach zu tun hat, kann Doreen Jedersberger erzählen.

Stadtpfeifer in Wechmar. Die ersten sozusagen hauptamtlichen Musiker der Familie waren die Söhne von Johannes mit Namen Johann (1604-1673), Christoph (1613-1661) und Heinrich (1615-1692).

„Johann bewarb sich 1635 als Stadtmusikant in Erfurt", weiß Doreen Jedersberger. „Hier waren die sogenannten Ratsspielleute schon seit 1448 eine Tradition. Sie besaßen das Recht, zu Feierlichkeiten und zu öffentlichen Anlässen ebenso wie in Kirchen zu spielen. Das war eine ausgesprochen anspruchsvolle Tätigkeit, denn die Stadtmusiker mussten neben einem tadellosen Lebenswandel eine Ausbildung auf zehn Instrumenten vorweisen."

Johann Bach wurde eingestellt und bekam das Haus zum Schwarzen Ross als Wohnraum zugewiesen. „Die Arbeit war ordentlich Stress", erzählt Doreen Jedersberger. „Die Spielleute musizierten jede Woche an Markttagen, vom Turm der Kaufmannskirche spielten sie geistliche Musik, sonntags und zu Feiertagen wurde in Kirchen musiziert, und nicht zuletzt fungierten sie auch als Stadtwächter."

Ein Musikinstrument als Hauszeichen wäre eigentlich passender gewesen: das schwarze Ross auf der Krämerbrücke.

Letzteres mag ein wenig verwundern, aber die Bloggerin kann das erklären. „Die Wachleute mussten ja von ihrem Turm aus in der Lage sein, die Erfurter vor Gefahren zu warnen. Und da lag der Ton eines lauten Instruments wie zum Beispiel dem Horn natürlich nahe."

Doch nicht nur Johann Bach wirkte in Erfurt, sondern auch sein Bruder Christoph, Johann Sebastians Großvater. Dessen Sohn Johann Ambrosius (1645-1695) wurde 1645 in Erfurt geboren. Er heiratete im Jahr 1668 Maria Elisabeth Lämmerhirt (1644-1694), eine Erfurterin, in der Kaufmannskirche und siedelte mit seiner Familie 1671 nach Eisenach über. Dort wirkte er als Stadt- und Hofmusikant und sein später weltberühmter Sohn Johann Sebastian wurde hier 1685 geboren.

„Die Stadtmusik in Erfurt war so eng mit der Familie verbunden, dass man sie nicht mehr die Stadtmusikanten, sondern die Bache nannte“, erklärt Jedersberger. „Auch in den Häusern am Junkersand 1 bis 3 lebten Familienmitglieder, so auch Johann Sebastians Vater.“ Die Zahlen, die Doreen Jedersberger nennt, sprechen für sich: „170 Jahre lang haben Mitglieder der Familie als Musiker in Erfurt gewirkt, 61 Kinder der weitverzweigten Bach-Familie wurden in der Kaufmannskirche getauft, ein rundes Dutzend Hochzeiten hat es ebenfalls gegeben und natürlich auch viele Bestattungen.“

„Das war eine ausgesprochen anspruchsvolle Tätigkeit, denn die Stadtmusiker mussten neben einem tadellosen Lebenswandel eine Ausbildung auf zehn Instrumenten vorweisen.“

Auch wenn der berühmteste Sohn der Familie Bach nicht in Erfurt geboren wurde, hat sich Erfurt die Bezeichnung als Bachstadt durchaus verdient.

Kerstin Hohlfeld

So geht's zum schwarzen Ross:

Das schwarze Ross befindet sich am Haus Nummer 19 auf der Krämerbrücke.

Dr. Annegret Schüle vor dem Eingang zur Schrebergartensiedlung.

40

Vereinsschild

Wenn die Äpfel weit vom Stamm fallen

Mitglied im Kleingärtnerverein ist Dr. Annegret Schüle nicht, sondern Leiterin des Erinnerungsorts Topf & Söhne im ehemaligen Verwaltungsgebäude der Firma J. A. Topf & Söhne. Nichtsdestotrotz – oder gerade deswegen – weiß sie, was die Schrebergartensiedlung mit dem Unternehmen zu tun hat, das heute hauptsächlich dafür bekannt ist, Verbrennungsöfen für Konzentrationslager produziert zu haben. Das rechteckige weiße Schild über der Eingangstür zur Grünanlage verrät, dass es sich bei dem im Jahr 1900 entstandenen Kleingartenverein Hirnzigenberg e.V. um den ältesten Verein Erfurts handelt. Zu dieser Zeit gehörte das Gelände Ludwig Topf (1863-1914), dessen Familienname mit einem dunklen Kapitel der Geschichte in Verbindung steht.

Wilhelm Louis Topf, genannt Ludwig, war einer der fünf Söh-ne des Braumeisters Johannes Andreas Topf (1816-1891), der 1878 in Erfurt ein feuerungstechnisches Baugeschäft gründete und dem Unternehmen J. A. Topf & Söhne seinen Namen gab. „Er machte sich mit seinen Patenten zur Verbesserung des Brauvorgangs selbstständig", erzählt Annegret Schüle. Durch die Erfindungen von Johannes Andreas Topf sollte vor allem die Braupfannenfeuerung effizienter werden.

Gemeinsam mit seinem Bruder Julius (1859-1914) führte Ludwig ab 1885 die Firma unter dem Namen J. A. Topf & Söhne als „Spezialgeschäft für Heizungsanlagen, Brauerei- und Mälzereieinrichtungen" weiter. Auch seine anderen beiden Brüder – den vierten ereilte schon im Kindesalter der Tod – stiegen ins Geschäft ein, verstarben aber im Laufe der Zeit, sodass Julius und Ludwig den Betrieb ab 1896 zu zweit führten. Da sich Julius 1904 aus gesundheitlichen Gründen aus der Firma zurückzog, wurde Ludwig schließlich alleiniger Geschäftsführer.

Der Erfolg des Unternehmens hatte dem Maschinenfabrikanten erheblichen Reichtum beschert. Mit einem Vermögen von drei Millionen Reichsmark gehörte er zu den wohlhabendsten Einwohnern Erfurts, führte aber dennoch ein bodenständiges Leben.

1897 tätigte er eine größere private Investition. „Er erwarb ein etwa vier Hektar großes Grundstück im Daberstedter Feld von der Stadt", berichtet die Historikerin. „Dort ließ er sich als Sommerwohnung ein Haus von seinen Arbeitern errichten und einen Naturpark anlegen." Außerdem bot der Rand des Parks Platz für eine Kolonie an Gartengrundstücken, die die Topf-Angestellten bewirtschaften und zur Erholung nutzen konnten. Eine Idee, „die sich seit Ende des 19. Jahrhunderts mit der Schrebergartenbewegung ausbreitete", wie Annegret Schüle in dem Buch *Industrie und Holocaust* schreibt. „Ludwig Topf war der erste Unternehmer in Erfurt, der für seine Arbeiter und Angestellten auf seinem Grund und Boden auf eigene Kosten die schon erwähnten Schrebergärten einrichten ließ." Auf diese Weise legte er den Grundstein für die bis heute dort vorhandene Kleingärtnersiedlung und den ältesten Verein der Stadt.

Glücklich wurde er bei all dem wohl nicht: 1914 nahm der Industrielle sich das Leben. Bis dahin hatte er es geschafft, den Handwerksbetrieb seines Vaters zu einem kleinen Unternehmen mit einer Belegschaft von über 500 Mitarbeitern auszubauen. „Industrielle Feuerung und Mälzereibedarf waren die beiden großen Bereiche, mit denen die Firma international erfolgreich war", bekundet Schüle. Was wie eine Bilderbuchgeschichte begann, nahm in der nachfolgenden Generation eine ungeahnte Wendung. Aus der Ehe mit Else Topf, die Ludwig 1901 geheiratet hatte, waren drei Kinder hervorgegangen: Johanna (1902-1988), Ludwig junior (1903-1945) und Ernst Wolfgang (1904-1979). Das Unternehmen ging in den Besitz der Witwe über und wurde von den, noch von Ludwig Topf senior eingesetzten, Direktoren weitergeführt. Im Zuge des Ersten Weltkriegs erweiterte sich das Firmenprofil unter anderem um die Entwicklung von Braunkohlefeuerungen und 1925 um den Bau von Lüftungsanlagen. Seit 1912 hatte Ludwig Topf senior sich außerdem der Entwicklung von Einäscherungsöfen zugewandt, mit denen das Unternehmen ab 1914 städtische Krematorien belieferte. „In den 20er-Jahren wurden sie damit zum Marktführer in Deutschland, weil sie qualitativ sehr gut und besonders pietätvoll waren", weiß Annegret Schüle. Um diese Pietät zu gewährleisten, war es wichtig, dass der Körper eines Verstorbenen nur in hoch erhitzter Luft verbrannte und nicht in Kontakt mit dem Feuer kam. „Zudem durfte der Leichnam nicht mit Schürgeräten berührt und die Asche anschließend nicht angefasst oder vermischt werden", vervollständigt die Gedenkstättenleiterin. „Denn damals wie heute muss die Asche eines Verstorbenen zweifelsfrei identifizierbar bleiben."

„In den 20er-Jahren wurden sie damit zum Marktführer in Deutschland, weil sie qualitativ sehr gut und besonders pietätvoll waren."

1929 trat zunächst Ernst Wolfgang Topf, zwei Jahre später sein Bruder Ludwig als Angestellter in den Betrieb ein, 1933 übernahmen sie dessen kaufmännische und technische Leitung. Ihr Vater Ludwig Topf senior hatte zu seiner Zeit viele geschäftliche sowie freundschaftliche Beziehungen zu jüdischen Familien aus Erfurt gepflegt, die sowohl die Entwicklung der Firma als auch das soziale Umfeld seiner Söhne prägten. „Die Brüder sind dann 1933 der NSDAP beigetreten, weil ihnen vorgeworfen wurde, sie seien *Judengenossen*", schildert Annegret Schüle. Trotz ihrer Parteimitgliedschaft beschäftigten die Brüder unter anderem als „Halbjuden" Verfolgte, KPD-Mitglieder und ehemalige KZ-Häftlinge. „Sie waren also keinesfalls fanatische Nazis", schlussfolgert die Historikerin.

Mit dem Bau von Krematorien war das Unternehmen zwar weiterhin überaus erfolgreich, dieser Bereich machte jedoch nur zwei bis drei Prozent der Produktion aus. Mit ihrer Entwicklung war seit 1920 hauptsächlich der Ingenieur Kurt Prüfer (1891-1952) betraut. „Er war schon vor dem Ersten Weltkrieg bei Topf & Söhne gewesen, kehrte dann zurück und konzentrierte sich als einziger Ingenieur auf den Ofenbau", skizziert Schüle den Werdegang Prüfers. „Er entwickelte zunächst die pietätvollen Feuerbestattungsanlagen und in krassem Gegensatz dazu später dann die KZ-Öfen."

„Ich denke, es waren nicht nur ökonomische Interessen ausschlaggebend. Die Nähe zur Macht war sicherlich ebenso ein Grund."

Ab 1939 richtete die SS in den Konzentrationslagern Krematoriumstechnik ein und wandte sich dazu an die Firma Topf & Söhne, die nicht davor zurückscheute, sie mit den entsprechenden Öfen zu beliefern. In Analogie zur menschenverachtenden Ideologie der Nationalsozialisten wurden diese Verbrennungsöfen nicht aus Krematorien, sondern perfider Weise aus Abfallverbrennungsöfen entwickelt.

Wenn die Brüder Topf im vollen Bewusstsein darüber handelten, dass sie mit Mördern kooperierten, dies aber, wie Schüle sagt, nicht aus nationalsozialistischer Überzeugung oder antisemitischen Tendenzen heraus taten, stellt sich die Frage: Warum unterstützten sie, ohne jeden Skrupel und unter Ausblendung aller moralischen oder ethischen Bedenken, mit ihrer Technik die SS bei ihren Verbrechen in den Lagern? „Ich denke, es waren nicht nur ökonomische Interessen ausschlaggebend", legt Annegret Schüle ihre

Einschätzung dar. „Die Nähe zur Macht war sicherlich ebenso ein Grund. Und für Kurt Prüfer vermutlich auch die Bedeutung, die er im Unternehmen dadurch gewann, dass er Aufträge einholte." Dass eine Widersetzung negative Konsequenzen für die Firma zur Folge gehabt hätte, schließt sie aus: „Wir wissen, dass es damals sechs Firmen gab, die Krematorien bauen konnten in Deutschland. Drei davon haben mitgemacht und die anderen drei nicht, und denen ist offensichtlich nichts passiert. Das war wirklich nicht mit Zwang oder Befehl verbunden, sondern es war im Prinzip eine geschäftliche Beziehung. Es war kein Selbstschutz. Es war schlicht einfacher, auch wenn das für uns schwerer auszuhalten ist."
Wahrscheinlich liegt genau darin das irritierende Moment, dass sich das Motiv der Topf-Brüder nicht auf ideologische Überzeugung, Profit oder Zwang zurückführen und daher schlecht fassen lässt. „Unter den damaligen Verhältnissen ihres beruflichen Alltags gingen die Verantwortlichen wie selbstverständlich in eine Mittäterschaft an einem Massenverbrechen. Man nahm die Dinge, so wie sie von den Machthabern organisiert wurden, einfach hin und machte damit seine Geschäfte", bilanziert Schüle.

Als im Zuge der Befreiung Buchenwalds 1945 die Aufmerksamkeit auf das Topf-Logo fiel, das auf den Öfen prangte, begann eine amerikanische Untersuchungskommission gegen die Firma zu ermitteln. Gleichzeitig ermittelten eine sowjetische und eine polnische Untersuchungskommission in Auschwitz. „Die Sowjetunion verhaftete 1946 neben einigen anderen auch Kurt Prüfer, der zu einer langen Lagerhaft verurteilt wurde und dort auch starb", zeichnet Schüle das Schicksal des Ofenbau-Ingenieurs nach. „Das war die einzige richtige Sanktion." Ludwig Topf nahm sich 1945 das Leben, während Ernst Wolfgang in den Westen ging, wo er die Firma 1951 in Wiesbaden neu gründete. „Dort produzierte er Krematoriums- und Abfallvernichtungsöfen, führte also ausgerechnet den kleinen Bereich des Unternehmens fort, mit dem Topf & Söhne an den Verbrechen beteiligt war", erläutert die Gedenkstättenleiterin. In der DDR wurde die Firma enteignet und zum Volkseigenen Betrieb umgewandelt. „Dort wurde erklärt, die Arbeiter hätten von nichts gewusst, das seien die bösen Kapitalisten gewesen."

Erst durch Jean-Claude Pressac (1944-2003) wurde die Frage nach der Mittäterschaft Anfang der 1990er-Jahre wieder aufgegriffen. „Spannend daran ist: Er war eigentlich ein Holocaust-Leugner aus Frankreich, der sich sehr stark für die technischen Aspekte interessierte. Viele der Holocaust-Leugner glaubten, über die technischen und baulichen Bedingungen nachweisen zu können, dass der Gasmord nicht stattgefunden habe", erzählt die Historikerin. In den 80ern sei Pressac nach Auschwitz gefahren, wo er sich die erhaltenen Bauleitungsakten anschaute – und eines Besseren belehrt wurde. „Er musste feststellen, dass die Massenvernichtung durchaus möglich war, und beschäftigte sich daraufhin auch mit Topf & Söhne", fährt Schüle fort. „Hinzu kam, dass die Familie Topf nach der Wiedervereinigung einen Antrag auf Rückübertragung stellte, was einen großen Aufschrei verursachte. Und so wurde die Diskussion wieder entfacht."

„Es war kein Selbstschutz. Es war schlicht einfacher, auch wenn das für uns schwerer auszuhalten ist."

Ob Ludwig Topf senior sich hätte träumen lassen, dass seine Söhne sein Vermächtnis einst in den Dienst der Nationalsozialisten stellen würden? Natürlich sind die düsteren Seiten, von denen die Erinnerungsstätte Topf & Söhne seit 2011 zeugt, aus der Firmengeschichte nicht wegzudenken. Das Vereinsschild über dem Eingang zur Schrebergartenkolonie erinnert aber zumindest daran, dass es vormals auch menschlichere Kapitel gab.

Elena de F. Oliveira

So geht's zum Vereinsschild:

Das Schild befindet sich über der Eingangstür zum Kleingärtnerverein Hirnzigenberg e. V. in der Wilhelm-Busch-Straße 49b.

Personal?
Jobsuche?

41

Burenhaus

Steinerne Sympathiebekundung

Maurermeister Paul Funk hat 1902 sein Wohn- und Geschäftshaus fertiggestellt – mitten in einer ruhigen Zeit für Erfurt, das Anfang des 20. Jahrhunderts stetig wuchs und gedieh. In einem anderen Teil der Erde jedoch wurde um die Jahrhundertwende herum hart gekämpft.

Nicht viele Erfurter werden wissen, dass das Haus an der Bahnhofstraße an den kriegerischen Auftakt des 20. Jahrhunderts erinnert, und warum es „Burenhaus" heißt. Beides hat mit dem Zweiten Burenkrieg (1899-1902) zu tun, in dem sich auf dem Boden Südafrikas die beiden autonomen Burenrepubliken Transvaal und Oranjefreistaat und das Königreich England unerbittlich gegenüberstanden. „Transvaal und Oranjefreistaat waren zwei unabhängige Staaten, gegründet von den Nachfahren niederländischer Einwanderer", erklärt Historiker und Publizist Dr. Steffen Raßloff. „Und ringsherum lag das britische Südafrika. Auf dem Gebiet der beiden Burenrepubliken wurden große Mengen Gold gefunden, das, vereinfacht gesagt, die Buren natürlich nicht mit den Briten teilen wollten."

Was folgte, war ein mörderischer Krieg um den Reichtum des Landes, der große Opfer forderte, sowohl unter den Buren als auch unter den Engländern, und nicht zuletzt unter der schwarzen Bevölkerung, die von beiden Seiten für den Kriegsdienst eingespannt wurde. Deutschland blieb im Burenkrieg neutral. „Die Deutschen jedoch, auch hier in Erfurt, die standen aufseiten der Buren", sagt Raßloff. „Das kann man hier an dem Haus sehr deutlich sehen. Oben links, das ist Paul *Ohm* Krüger, der Präsident von Transvaal, der war sehr populär. Die zwei kleinen Burenrepubliken haben mit ein paar Tausend Soldaten drei Jahre lang die Weltmacht England in Schach gehalten, bevor sie besiegt wurden. Wie David gegen Goliath. Und Krüger war die Galionsfigur."

Dr. Steffen Raßloff vor dem frisch sanierten Burenhaus.

In der Mitte der Hausfront sieht man Joseph Chamberlain (1836-1914), Kolonialminister und harter Verfechter der britischen Kolonialpolitik, der sozusagen treibender Keil in diesem Krieg war. „Der trägt auf dem Kopf einen Goldsack“, erklärt Raßloff. „*Auri sacra fames* besagt die Inschrift unter seinem Konterfei, was übersetzt *fluchwürdiger Hunger nach Gold* bedeutet.“

„Im Grunde hatte Deutschland nichts mit dem Burenkrieg zu tun“, resümiert Raßloff, „aber es gab eine rege Berichterstattung und das Ganze hat ziemliche Wellen geschlagen. Man war in diesem Punkt ganz klar antibritisch eingestellt.“ Was die kritische Darstellung des britischen Kolonialministers beweist. Das Haus an der Bahnhofstraße stellt somit ein spannendes zeitgeschichtliches Zeugnis dar.

Raßloff erwähnt in diesem Zusammenhang einen bekannten Sohn Erfurts, Konsul Wilhelm Knappe (1855-1910), einen Freund von „Ohm“ Krüger, der eine Zeitlang in Südafrika als Nationalbankdirektor tätig war.

„Wilhelm Knappe war ein richtiger Weltenbummler“, sagt Raßloff. „Er war in der Südsee, in China und gilt als Initiator der Tongji-Universität in Shanghai. Ihm verdankt Erfurt seine einzigartige Südseesammlung, die leider nur auf Anfrage zugänglich ist.“

Kerstin Hohlfeld

So geht’s zum Burenhaus:

Das Burenhaus befindet sich in der Bahnhofstraße / Ecke Juri-Gagarin-Ring.

Wer streckt denn hier seinen nackten Po zum Fenster heraus?

42

Nackter Po

Überraschung auf dem Wandgemälde

Da gibt es nichts dran zu rütteln: Im Festsaal des Erfurter Rathauses streckt ein Unbekannter dem Betrachter seinen nackten Po entgegen! Die verblüffende Darstellung kann man entdecken, wenn man das Wandgemälde ganz links der Tür genau betrachtet. „Zu sehen ist hier König Rudolf I. von Habsburg, der 1289/90 fast ein Jahr lang vom Petersberg aus regiert hat und gegen die Raubritter vorgegangen ist“, sagt Alice Frontzek, die seit vielen Jahren Gäste durch die Stadt führt. „Geschaffen hat jenes Werk – wie auch alle anderen Wandgemälde in diesem Saal – der Historienmaler Johann Peter Jannsen.“

König Rudolf I. (1218-1291) hatte im Peterskloster auch einen Reichstag abgehalten, bei dem die Kernfrage war, wie man den von ihm 1287 verkündeten allgemeinen Landfrieden in Thüringen wiederherstellen könne. Das war nötig geworden, weil immer mehr kleine Adlige verarmten und offenbar keinen anderen Ausweg sahen, als Kaufleute und Dörfer zu überfallen und auszurauben. „König Rudolf von Habsburg tat von Erfurt aus alles, um dem entgegenzuwirken, und wurde dabei von den Erfurtern tatkräftig unterstützt", sagt Alice Frontzek. Das ist auch auf dem Gemälde zu sehen: Der König hoch zu Ross ist von Erfurtern umringt, die die gefangenen Raubritter bewachen – später sollten die Gefangenen auf dem Fischmarkt hingerichtet werden. In der linken Bildhälfte ist dargestellt, wie die Raubritterburg an der Sturmheide bei Ilmenau am 12. Februar 1290 geschleift wird. Und das war nur eine der mehr als 60 Raubritterburgen, die Rudolf und seine Truppen erobern konnten.

Alice Frontzek kennt die verblüffenden Details in dem Wandgemälde.

Aus dem Turm ebenjener Raubritterburg ragt der nackte Po – und es findet sich noch ein weiteres verblüffendes Detail: Einer der Männer, die einen schweren runden Holzbalken schleppen, trägt eine Armbanduhr. Die war im 13. Jahrhundert, in dem die Szene auf dem Bild spielt, aber definitiv noch nicht erfunden – das gelang erst dem Schweizer Uhrmacher Abraham Louis Breguet (1747-1823).

„Die Armbanduhr hat auf dem Bild genauso wenig zu suchen wie der nackte Po", stellt Alice Frontzek fest. „Und man ist auch sicher, dass das nicht von Historienmaler Johann Peter Janssen stammt, der den Ratssaal nach Fertigstellung des Rathauses vier Jahre lang ausgemalt hat." Als gesichert gelte, dass die Ergänzungen auf einen Unbekannten zurückgehen: Wie, wann, warum und wer, all diese Fragen sind offen und werden wohl nie geklärt werden.

Entdeckt hat die „Ergänzung" vor vielen Jahren ein Maler, als er im Rathaus renovieren sollte. „Diesmal bestand der Verdacht, dass ein Restaurator sich bei einer der vorherigen Restaurationen hier verewigt hat, denn unbemerkt kann man das sonst nur schwer bewerkstelligen“, sagt Alice Frontzek. „Aber würde ein Restaurator so etwas wirklich tun?“ Vermutlich eher nicht: Wer schon einmal mit Restauratoren gesprochen hat, weiß, was für einen Respekt die Fachleute vor den Werken haben, an denen sie arbeiten.

Der Mann trägt eine Armbanduhr – diese aber war zu der Zeit, in der die Szene spielt, noch gar nicht erfunden.

Bei Steinmetzen waren solche „Scherze“ zwar durchaus üblich – in Bamberg ist an der Altenburg ein kleiner Mann mit einer Flasche eingemeißelt, im Würzburger Dom hat ein Steinmetz ein kleines Himmelbett geschaffen, in dem er selbst liegt, und auch die berühmten Dommäuse sind als Steinmetzscherze bekannt. Bei Restauratoren ist so etwas aber untypisch bis undenkbar. Kein Wunder: Es ist ja auch etwas anderes, ob man einen Stein, den man gerade bearbeitet, mit einer kleinen kunstvollen Abbildung versieht, oder ins Werk eines anderen eingreift.

Was wohl Historienmaler Johann Peter Jannsen (1844-1908) sagen würde, wenn er diesen „Scherz“ auf dem Ergebnis seiner vierjährigen Arbeit sähe?

Eva-Maria Bast

So geht’s zum nackten Po:

Wie auch die Uhr befindet er sich auf dem vierten Gemälde im Stadtgeschichtszyklus im Festsaal des Rathauses ganz links neben der Tür. Der Festsaal ist im obersten Stockwerk des Rathauses zu finden.

Tim Erthel stützt sich mit seiner Hand auf einen der Konsolsteine unter der Krämerbrücke.

43

Konsolsteine

Not macht erfinderisch

Die Krämerbrücke gehört zu den Wahrzeichen und meistbesuchten Orten der Erfurter Innenstadt. Doch lohnt sich nicht nur der Gang über das mittelalterliche Bauwerk hinweg, sondern auch der Blick darunter hindurch. Vom Ufer der Gera aus sind links und rechts etwa ein Meter über dem Wasser Steine zu erkennen, die aus den ansonsten glatt gearbeiteten Mauern der Brückenbögen herausragen. „Man nennt sie Konsol- oder Kragsteine", erläutert Tim Erthel. Diese Vorsprünge dienten als Stütze für andere bauliche Elemente. „Ihre ursprüngliche Funktion erschließt sich jedoch nicht auf den ersten Blick", fügt der Kunsthistoriker hinzu. Denn das, was die Konsolsteine einst trugen, fehlt heute.

1325 wurde das mittelalterliche Bauwerk aus Stein errichtet, nachdem der hölzerne Vorgängerbau der Krämerbrücke zuvor mehrfach abgebrannt war. „Auf der Brücke gab es wenig Lagermöglichkeiten. Dort war neben den Wohnhäusern kein Platz, um zusätzlich ein Wirtschaftsgebäude zu errichten“, beginnt Erthel zu erzählen. Um Stauraum zu gewinnen, mussten die Brückenbewohner also improvisieren. Dafür gab es mehrere Möglichkeiten. „Ihre Keller legten sie zum Beispiel innerhalb der Brückenpfeiler an“, schildert der Stadtkenner den Einfallsreichtum der Erfurter. Und bei der anderen Variante kamen ebenjene Felsnasen unter der Brücke zum Einsatz: „Der Platz innerhalb der Bögen wurde genutzt, um dort Hängeböden zu errichten,“ erklärt Erthel.

„Auf der Brücke gab es wenig Lagermöglichkeiten. Dort war neben den Wohnhäusern kein Platz, um zusätzlich ein Wirtschaftsgebäude zu errichten.“

Das Fundament dieser hölzernen Speicherbauten bildeten die Konsolsteine, auf denen Längsbalken ruhten, die wiederum Querbalken aufnahmen. „Da es oben auf der Brücke zu eng war, schuf man sich innerhalb des Gewölbes darunter einen Lagerraum“, fasst Erthel den Zweck der Konstruktion zusammen. Der Zugang erfolgte vermutlich entweder vom Haus aus über eine Öffnung im Brückengewölbe oder vom Flussufer her. „Während des 20. Jahrhunderts sind diese Hängeböden aber wieder herausgenommen worden“, sagt der Kunsthistoriker. Im Zuge dessen wurden auch manche der Konsolsteine abgeschlagen. Einige sind aber immer noch vorhanden und bezeugen: Raum ist nicht nur in der kleinsten Hütte, sondern auch unter der ältesten Brücke.

Elena de F. Oliveira

So geht's zu den Konsolsteinen:

Im östlichen Bogen der Krämerbrücke sind die Konsolsteine vom Ufer der Gera aus gut zu sehen.

Die reliefartigen Rosen sind mehr als nur Zierrat.

44

Rosen

Durch die Blume geschwiegen

Nicht durch einen Dornwald, aber durch eine mit Rosen verzierte Tür muss man gehen, um vom Hof des Kreuzgangs aus ins Innere des Doms zu gelangen. Auf den ersten Blick sind die in Stein gehauenen Blumen, die sich kranzförmig um das Christophorus-Portal ranken, einfach nur eine hübsche Verzierung. „Solche Rosen befinden sich an vielen gotischen Kirchen", weiß Weihbischof Dr. Reinhard Hauke. „Meistens über eher kleineren Türen und vor allem außen." Somit geraten die Blumen ins Blickfeld, bevor man das Gotteshaus betritt. Und das ist durchaus so gewollt.

„Man nennt sie die Rosen des Schweigens", erklärt der Würdenträger und gibt damit bereits einen Hinweis auf ihre Funktion. „Wer sie erblickt, weiß: Wenn ich durch das Portal gehe, betrete ich eine Kirche. Hier spielt ein anderes Wort eine größere Rolle als mein eigenes. Daher sind die Rosen gleichzeitig als Aufforderung zu verstehen, sich still zu verhalten."

Die Darstellung einer geschlossenen Blüte wurde wohl schon in der Antike als Symbol eines göttlichen Geheimnisses verstanden. Analog dazu lassen sich die geöffneten Rosen am Christophorus-Portal auch als Hinweis darauf deuten, dass hinter der Tür Gottes Wort verkündet wird. Wer etwas „sub rosa", also unter der Rose, bespricht, tut dies laut Duden „unter dem Siegel der Verschwiegenheit". Der Legende nach wurzelt die Rose als Symbol des Schweigens in der Mythologie. Cupido, Sohn der Liebesgöttin Venus, schenkte dem Gott des Schweigens, Harpokrates, eine Rose, um sicherzugehen, dass dieser sein Wissen über eine Affäre der Venus für sich behalte. Vor allem in Rittersälen, in Klöstern und an Beichtstühlen findet sich die Schweigerose. Also immer dann, wenn etwas im Vertrauen besprochen wird, das den Raum nicht verlassen soll.

Somit ist es nicht verwunderlich, dass auch im Erfurter Dom die Rose als Symbol des Schweigens verwendet wurde. „Im Kreuzgang hörten die angehenden Kirchenmänner ihre Vorlesungen und dort schwatzten sie miteinander. Wenn sie von dort aus in die Kirche gingen, erinnerten die Rosen des Schweigens sie daran, nun die Klappe zu halten", erzählt Hauke und bemerkt ergänzend: „Darüber hinaus hat der Anblick von Blumen ja auch etwas Einladendes, etwas, das mich ruhig werden lässt. Um den Duft einer Rose genießen zu können, muss ich an ihr riechen, dabei kann ich nicht reden."

Ein liebliches Bouquet verströmen die steinernen Rosen logischerweise nicht, schön anzusehen sind sie trotzdem. Und außerdem viel freundlicher als ein Schild, auf dem nur stünde: Ruhe bitte.

Elena de F. Oliveira

So geht's zu den Rosen:

Die Blumen zieren den äußeren Rand des Portals, das den Kreuzgang mit dem Dom verbindet.

45

Spendennische

Für die Seelen der Verstorbenen

„Das", sagt Reinhard Nymbach, während er die Stufen zwischen dem Dom und der Kirche St. Severi hinaufsteigt, „ist eines meiner Lieblingsgeheimnisse." Oben angekommen kramt er in seinem Geldbeutel, zieht eine Zwei-Euro-Münze heraus und steuert auf das Querhaus zu. „Sehen Sie das?" Er deutet auf eine kleine, kunstvoll verzierte, aber stark verwitterte Nische. „Hier geht jeder dran vorbei, aber keiner weiß, was es damit auf sich hat, die meisten bemerken es nicht einmal." In der Tat sitzt die Nische unauffällig und bescheiden an Ort und Stelle. Und noch unauffälliger ist das kleine längliche Loch, das sich an ihrem Boden befindet. „Das ist eine Spendennische", sagt Reinhard Nymbach und hält sein Zwei-Euro-Stück demonstrativ über das Loch. Hinein wirft er die Münze allerdings nicht, sondern steckt sie wieder zurück in seinen Geldbeutel. „Das wird in der heutigen Zeit wohl nicht mehr geleert", sagt er. „Früher war das anders. Da konnten Gläubige, die etwas für ihre Kirche tun wollten, hier spenden. Geleert wurde die Nische von innen, da gab es einen Zugang, der sozusagen durch die Mauer führte und Außen mit Innen verband."

Obwohl die Nische schon so verwittert ist, ist doch noch viel von ihrer einstigen Pracht zu erahnen. Auch Karl-Heinz Meißner lässt ihr in seinem Aufsatz *Über Spendennischen an einigen Erfurter Kirchen* viel Aufmerksamkeit zuteilwerden und beschreibt die Nische ganz genau: „Im unteren Teil wird eine Spendenöffnung sichtbar, die rechteckig aus einer von zierlichen kleinen Konsolen getragenen Schräge vorsteht und im oberen Teil von einem kräftigen Kleeblattbogen umgeben wird. Darüber wird durch einen krabbenbesetzten Wimperg mit Kreuzblume ein Abschluss gebildet. Ein weiterer, rechteckiger Rahmen, der in zwei breiten Kehlen außen um die Nische herumläuft, unterstreicht noch einmal ihre Wirkung."

Reinhard Nymbach hält ein Geldstück über den Schlitz – einwerfen tut er es aber nicht.

Oberhalb der Nische befindet sich im „abdeckenden Quader" rechts eine Inschrift, von der zumindest noch einige Wörter zu entziffern sind: *SAL(V)E PATRE – PARC(E/A)TUR*, was so viel heißt wie: „Sei gegrüßt, (himmlischer) Vater" und „Es wird geschont / es soll verschont werden." Meißner hält fest, dass sich „diese drei Wörter auf dem Sturz auf Nutzung (und Deutung) der Nische beziehen lassen. Sie sind Andeutungen eines Gebets, das auf Rettung zielt. Dazu ließe sich eine bildhafte Darstellung hinzudenken." Denn sehr häufig wurden Spendennischen wie diese mit Heiligenfiguren oder Heiligenbildnissen ergänzt. Ein solches Beispiel ist noch an der Augustinerkirche zu sehen, wo sich am Portal des nördlichen Seitenschiffs eine Spendennische befindet – und über ihr der heilige Augustinus. Auch am Südschiff der Allerheiligenkirche ist eine Nische zu entdecken, um nur einige Beispiele zu nennen.

Fast in Vergessenheit geraten: die Spendennische an der Kirche St. Severi.

„Versucht man sich einen Gesamtüberblick über diejenigen Nischen zu verschaffen, die, wenn auch kaum alle in guter Verfassung, in Erfurt noch vorhanden sind, ergeben sich trotz Unterschieden einige Gemeinsamkeiten", bilanziert Karl-Heinz Meißner und stellt fest: „Alle befinden sich im Außenbereich der Kirchen, in der Nähe der Portale (was nach unserer Kenntnis auch bedeutet: Bei den Friedhöfen)." Denn, so erklärt nun Reinhard Nymbach, das Ziel der Spenden sei vermutlich vor allem gewesen, die Kirche zu unterstützen. „Aber eine kleine Gabe für das Seelenheil derer, die hier bestattet sind, hat sicherlich auch eine Rolle gespielt." Der Vollständigkeit halber: Im Mittelalter galt, was heute noch an kleineren Dorfkirchen zu finden ist: Die Friedhöfe befanden sich rund um die Gotteshäuser. Doch Kriege und Seuchen führten dazu, dass die Kirchhöfe an die Grenzen ihrer Kapazität gerieten und vor die Städte verlegt wurden – was gerade in Zeiten von Seuchen auch aus hygienischen Gründen sinnvoll erschien.

„Ich glaube nicht, dass in den Nischen viel Geld zusammenkam", überlegt Nymbach. Zu diesem Schluss kommt auch Meißner, der schreibt: „Bei größeren Summen gab es auch schon im Mittelalter Sicherheitsbedenken, wie vielerlei Schlösser und Beschläge zeigen. Wirklichen Opfern, Stiftungen oder größeren Zuwendungen an die *fabrica ecclesiae* werden die Geldschlitze im Türbereich kaum genügt haben." Stattdessen habe man viel eher sogenannte „Gedächtnisse" als Opfer ansehen müssen, „die nicht anonym blieben und auch nicht bleiben sollten, wie große Geldinvestitionen – etwa für Teile der Kirchenausstattung, Messen oder wohltätige Aufgaben". In die Spendennischen hätten eher Menschen kleine Gaben gesteckt, die „sich gar nicht unbedingt in der Kirche aufhalten wollten oder konnten, sondern nur an ihr vorbeigingen, Reisende, Pilger, Händler."

Abschließend schreibt der Autor: „Geldschlitze beim Kirchenportal unterstreichen das Phänomen eines besonderen Übergangs von Innen und Außen. Dies war mehr als ein Eingang oder Ausgang, vielmehr Nahtstelle zwischen profan und sakral."

Ein wahrhaft schöner Gedanke!

Eva-Maria Bast

So geht's zur Spendennische:

Auf der Südseite am ehemaligen östlichen Querhaus befindet sie sich in der Nachbarschaft eines heute zugesetzten Portals an St. Steveri.

Lauentor

Die Geschichte einer ungeliebten Pforte

Es erschließt sich nicht auf den ersten Blick, was das Lauentor mit der Sage *Der Graf von Gleichen* zu tun hat, die der Schriftsteller und Archivar Ludwig Bechstein (1801-1860) im Jahr 1837 in seinen *Sagen aus Thüringens Vorzeit* erzählt. Dabei ist es eine ganze Menge. „Da Kaiser Friedrich II. einen Kreuzzug begann, an welchem Landgraf Ludwig von Thüringen teilnahm mit den meisten seiner Vasallen, zog auch Graf Ernst III. von Gleichen mit hinweg und stritt tapfer gegen die Heiden", schreibt Bechstein. Wer war dieser Graf, der 1227 auf einen Kreuzzug ging? Und was hat er mit Erfurt und dem Lauentor zu tun?

„Seit dem 12. Jahrhundert waren die Grafen von Gleichen die Erfurter Stadtvögte", erklärt Schauspielerin Annette Seibt. Sie hat sich eingehend mit der Geschichte des Lauentors beschäftigt, das einst zur Stadtbefestigung gehörte und heute ziemlich einsam an der gleichnamigen Straße steht. „Die Gleichen waren damals ein mächtiges Adelsgeschlecht und hatten durch den Mainzer Erzbischof die Vogtei übertragen bekommen, waren somit die Chefs von Erfurt."

Viele Jahrhunderte lang war Erfurt ein schwer bewachtes, von ringförmigen Mauern umgebenes Territorium. Bereits im 11. Jahrhundert hatte man mit der Befestigung der sehr wohlhabenden Stadt begonnen. „Stammsitz des Grafengeschlechts war die Burg Gleichen, doch sie besaßen das Privileg, Tag und Nacht ungehinderten Zugang zu Stadt und Kloster von Erfurt zu haben. Und zwar durch das Lauentor."
Damals führte die Via Regia, die berühmte mittelalterliche Handelsstraße, durch dieses Tor. Aber es war den Erfurtern ein Dorn im Auge. Nicht nur, da es trotz Bewachung ein für Plünderer und Belagerer attraktives Einfallstor in die Stadt darstellte, sondern auch, weil ausgerechnet dort kein zweiter Befestigungsring wie

Was das Lauentor mit seinem Wappen mit den Grafen von Gleichen zu tun hat, kann Annette Seibt erzählen.

andernorts gezogen werden konnte. Aber die Erfurter waren machtlos, das Lauentor gehörte den Grafen von Gleichen. Der Löwe oben am Tor – ihr Wappenzeichen – beweist es.

Bis den Bürgern der Zufall zu Hilfe kam. „Man erzählt, dass einer der Grafen von Gleichen, ein Nachfahre des berühmten Ernst aus der Sage, spielsüchtig war", sagt Annette Seibt. „Er hatte eine Menge Schulden angehäuft, und um die auszugleichen, verkaufte er ein von Mainz verliehenes Privileg nach dem anderen an die Stadt. So im Jahre 1235 auch das Lauentor." 1303 wurde die Öffnung des Tores zugeschüttet. Doch damit ist die Geschichte dieses Areals noch nicht zu Ende: „Als im 17. Jahrhundert die Festung Petersberg entstand, baute man hier rund um das alte Tor die Bastion Martin", führt Seibt aus. „Und diese Festung stand im November 1813 unter schwerem preußischem Beschuss. Hier oben saßen die Franzosen und die Preußen wollten sie runterhaben." Im Jahr 1920 wurden die Bastion Martin und das, was vom Lauentor noch übrig war, aufgrund von Straßenbauarbeiten vom Rest des Festungsgeländes abgetrennt. „Vielleicht wäre das Tor irgendwann ganz verfallen und vergessen worden. Aber inzwischen geht man ja wieder auf die Suche nach der Geschichte", sagt Annette Seibt. „Und im Zuge dessen wurde auf dem verfallenen Gelände der alten Festung unglaublich viel erreicht." So kann der Besucher heute über das Festungsgelände spazieren, die restaurierte Bastion Martin mit Gastronomie aufsuchen und das Lauentor umrunden, denn hindurchgehen kann man immer noch nicht. Das prächtige Wappen am Tor erinnert daran, dass es einst den Grafen von Gleichen gehörte.

Kerstin Hohlfeld

So geht's zum Lauentor:

Es befindet sich auf der gleichnamigen Straße vom Domplatz kommend auf der linken Straßenseite an der Bastion Martin.

Zwischen den roten Backsteinmauern ragt der verspiegelte Anbau mit der Parole hervor.

47

Parole

Diktatur trifft Popkultur

Der schwarz verspiegelte, würfelförmige Anbau, der aus dem Innenhof des rotbraunen Klinkergebäudes ragt, ist mit das erste, was dem Besucher auffällt, wenn er den Vorplatz zum Haupteingang der Gedenk- und Bildungsstätte Andreasstraße betritt. Hier befanden sich zu DDR-Zeiten die Haftanstalt sowie die Bezirksverwaltung des Ministeriums für Staatssicherheit, kurz Stasi. Genauer gesagt, ist es das auf der Glasfassade dargestellte Banner, das die Aufmerksamkeit auf sich zieht und das über Eck auf zwei Seiten des modernen Anbaus verläuft. Darauf steht die Parole geschrieben: *Keine Gewalt! Keine Gewalt!* Da sich das zweite *Gewalt!* allein auf der Ostseite befindet, ist frontal gesehen auf der südlichen Fassade nur zu lesen: *Keine Gewalt! Keine.* Das mag zunächst verwirrend erscheinen, wenn man nicht weiß, wie es um die Ecke herum weitergeht, ist aber durchaus Teil des künstlerischen Konzepts, an dessen Entstehung Dr. Jochen Voit beteiligt war.

„Das ist der *Kubus der friedlichen Revolution*, das Wahrzeichen der Andreasstraße“, erklärt der Historiker und Leiter der Gedenkstätte auf. Das Banner ist jedoch nicht das Einzige, was auf der Wand zu sehen ist. Das über 37,8 Meter lange und 7,4 Meter hohe umlaufende Fassadenbild setzt sich aus 179 Glasplatten zusammen. In Form eines überdimensionalen Comic-Kunstwerks mit dem Titel „Herbst 1989 in Thüringen“ stellt es den Verlauf der Geschehnisse in ebenjenem Zeitraum dar. „Umlaufend“ gibt bereits das Stichwort für die Erklärung, weshalb sich besagte Parole über zwei Seiten des Würfels erstreckt. „Das Fassadenbild wurde als chronologische Erzählung konzipiert, die, beginnend auf der Ostseite, einmal um den Kubus herumführt“, erklärt Voit.

Um herauszufinden, was nun eigentlich im Herbst 1989 in Thüringen geschah, geht der Betrachter am besten ins Innere der Gedenkstätte hinein. Im Foyer steht er erst einmal vor der Wand, auf der oben links das Banner mit dem Ausruf *Gewalt!* prangt. „Wir befinden uns im Mai 1989. Die Leute stehen vereinzelt und unentschlossen im Raum, aber eine Frau geht mit einer Kerze in der Hand um die Ecke herum“, beschreibt Jochen Voit die erste hier abgebildete Szene. Die Nordseite zeigt ein Flugblatt an einem Baum, das zur Demonstration aufruft, eine Kette aus Menschen, zwischen denen viele Kerzen auf dem Boden stehen, und einen überfüllten Kirchenraum, in dem sich zahlreiche Teilnehmer für ein Friedensgebet versammelt haben. „Das sind die Anfänge der friedlichen Revolution, aus denen sich das Wimmelbild auf der Westseite entwickelt“, fährt der Historiker fort. Die Proteste haben sich auf Gera, Jena, Weimar und Suhl ausgeweitet, Menschenmassen und Transparente mit der Forderung nach Demokratie dominieren das Bild. „Diese Dynamik greift auch die Schlussszene noch einmal auf“, kommentiert Voit angesichts der Südseite des Kunstwerks. Der Comic endet im Dezember 1989 mit

„Aus einem Ort der Unterdrückung und der Gewalt wurde durch die friedliche Revolution ein Ort der Befreiung und der Aufarbeitung.“

der Besetzung der Stasi-Bezirksverwaltung in Erfurt. Und der Parole: *Keine Gewalt! Keine.*

Bereits seit seiner Entstehung in den 1870er-Jahren diente das Gebäude in der Andreasstraße als Gefängnis. Direkt nebenan platzierten die Erbauer das Gerichtsgebäude, das auch heute noch Sitz des Landgerichts ist. „Dort wurden die Urteile über diejenigen gesprochen, die hier einsaßen", sagt Voit. Der letzte Gefangene verließ die Haftanstalt 2002. „In fünf politischen Systemen wurde das Haus als Gefängnis genutzt: Kaiserzeit, Weimarer Zeit, Nationalsozialismus, DDR und nach der Wiedervereinigung", berichtet Voit. Von 1952 bis 1989 fungierte es als Stasi-Untersuchungshaftanstalt, von denen es insgesamt 17 gab. „Davon war die Andreasstraße das einzige Gefängnis, das sich die Räumlichkeiten mit der Volkspolizei teilte", weiß der Historiker. „Die Staatssicherheit nutzte die erste und die zweite Etage."

„Denen war klar, dass in Deutschland gerade die Geschichte durch den Schornstein ging."

Die Zellen der oberen beiden Stockwerke waren somit für Insassen vorgesehen, die aus politischen Gründen inhaftiert worden waren. Von den rund 200.000 politischen Häftlingen der DDR – die es offiziell gar nicht gab – wurden etwa 6.000 in der Andreasstraße eingesperrt. Die Gefangenen einte rückblickend mehrheitlich das Gefühl der Ohnmacht, so Voit. „Die Passivität ist eine ganz zentrale Erfahrung während der Haft, denke ich. Man wird festgenommen, man wird eingesperrt, man wird verhört", legt der Gedenkstättenleiter seine Einschätzung dar. „Diese ganzen Stationen, die man als Inhaftierter durchlaufen muss, gibt es ja noch heute: dass man seine Sachen abgeben muss, dass alles dokumentiert wird, Bilder gemacht werden. Aber die Stasi hat das in ganz besonders demütigender Art und Weise gemacht." Die Insassen der Stasi-Haftanstalt wurden von den Wärtern ausschließlich mit einer ihnen zugeteilten Nummer angesprochen und dadurch regelrecht entindividualisiert. „Ein Ampelsystem sorgte dafür, dass sich die Personen auf dem Gang nie begegneten. Sie wurden außerdem in ihren Zellen belauscht, um sie in den Gerichtsverhandlungen mit ihren eigenen Äußerungen unter Druck setzen zu können", fährt Voit in seiner Schilderung fort. Die Verhöre waren nicht nur lang und zermürbend, sondern fanden auch zu unangekündigten Zeitpunkten statt, sodass die Häftlinge einer ständigen Anspannung und Unvorhersehbarkeit der Ereignisse ausgesetzt waren. „Auch der Entzug von Privatsphäre sowie der Einsatz von Glasbausteinen, die den Blick nach draußen verhinderten, waren typische Bestandteile dieses Systems", ergänzt der Geschichtsexperte. „Zu Beginn der DDR gab es natürlich auch körperliche Gewalt in den Stasi-Gefängnissen, aber ab den 60er-, 70er-Jahren wurde eher psychischer Druck ausgeübt." Da es damals schon die Praxis gab, dass Westdeutschland Häftlinge freikaufte, habe die DDR keine schlechte Presse riskieren wollen.

„Wir besetzen die Stasi, und wir wollen wissen, was dort vertuscht wird."

Als die Erfurter Bezirksverwaltung der Staatssicherheit am 4. Dezember 1989 von Bürgern besetzt wurde, standen die Gefängniszellen der oberen beiden Etagen aufgrund einer kurz zuvor erlassenen Amnestie bereits leer. „Es waren Frauen, die sich frühmorgens auf den Weg machten, mit dem Ziel, die Aktenvernichtung zu stoppen", erzählt Voit. Bereits in den Tagen davor hatten die Erfurter beobachtet, dass schwarzer Rauch aus dem Gebäude aufstieg. „Und die wussten genau, dass die Stasi mit Gas heizte und nicht mit Kohle. Denen war klar, dass in Deutschland gerade die Geschichte durch den Schornstein ging." Die geretteten Akten lagerten die Bürgerrechtler in den leeren Gefängniszellen ein, die sie mit Wachs von außen versiegelten, um sicherzustellen, dass nicht noch mehr Beweise für die Verletzung der Menschenrechte vernichtet würden.

Die mutige Aktion der Initiatoren war nicht ungefährlich – und ihr Ausgang nicht absehbar. „Die Mauer war zwar schon gefallen, aber das Amt für Nationale Sicherheit, wie die Staatssicherheit mittlerweile hieß, trotzdem noch am Arbeiten", erläutert Voit die Hintergründe für das riskante Vorgehen. Auch die Anwendung von Waffengewalt gegen die Bürger wäre denkbar gewesen. „Ein paar Stunden nach der Besetzung in Erfurt erschoss sich ein Stasi-Mann in Suhl, aber das war eine Ausnahme", fügt er hinzu. „Deswegen ist diese Parole *Keine Gewalt!* auch so wichtig, denn es haben sich fast alle daran gehalten."

Im Verlauf der friedlichen Revolution im Herbst 1989 stellt Erfurt einen Meilenstein dar. „Was diesen Ort einzigartig macht, ist, dass es die erste Stasi-Zentrale war, die friedlich besetzt wurde", betont der Gedenkstättenleiter. „Erst danach kamen Leipzig, Suhl, Rostock und einen Monat später Berlin. Es ist ja sonst keine Revolution, wenn nicht auch die Waffenträger oder die Sicherheitsorgane besetzt werden, und das war vor Erfurt noch nicht geschehen." Dass der 4. Dezember im kollektiven Gedächtnis der Deutschen nicht verankert ist, führt Jochen Voit darauf zurück, dass von diesem Tag keine bewegten Bilder existieren. „Dabei ist es aus meiner Sicht das zentrale Datum, denn die eigentliche revolutionäre Aktion besteht doch darin, zu sagen: Wir besetzen die Stasi, und wir wollen wissen, was dort vertuscht wird", argumentiert er. „Aus einem Ort der Unterdrückung und der Gewalt wurde durch die friedliche Revolution ein Ort der Befreiung und der Aufarbeitung. Und eben diese Bipolarität ist es, die die Gedenkstätte Andreasstraße ausmacht."

Gedenkstättenleiter Dr. Jochen Voit war an der Konzeption des modernen Anbaus mit dem Fassadenbild beteiligt.

Genau jene Mehrdeutigkeit soll auch das Fassadenbild am Kubus zum Ausdruck bringen, für das der gebürtig aus Erfurt stammende Comic-Künstler Simon Schwartz nach grafischer Vorarbeit durch die Agentur freybeuter die Zeichnung anfertigte. So wie sich die Umgebung in der Fassade des modernen Anbaus widerspiegelt, ist aus dem einstigen Gefängnis etwas Neues entstanden, das aber immer noch seine Vergangenheit reflektiert. „Wir sind eine recht gut gelaunte Gedenkstätte, weil wir Geschichten erzählen, die dank Zivilcourage und Mut einen positiven Ausgang haben", sagt Jochen Voit über die Andreasstraße und bilanziert: „Die wichtigste Botschaft dabei ist: Demokratie fällt nicht vom Himmel. Ganz unabhängig vom politischen System ist es wichtig, auf Ungerechtigkeit zu reagieren und den Mund aufzumachen."

„Die wichtigste Botschaft dabei ist: Demokratie fällt nicht vom Himmel."

Das auf dem Kubus abgebildete Banner macht deutlich, dass häufig nur ein Schritt um die Ecke notwendig ist, um die Perspektive zu ändern und von einem Zustand der Gewalt zu einer friedlichen Lösung zu kommen. Um den Verlauf der Geschichte zu ändern, braucht es keine Wendung um 180 Grad. Manchmal reichen schon 90.

Elena de F. Oliveira

So geht's zur Parole:

Sie verläuft von der Süd- auf die Ostseite des Comics auf dem kubusförmigen Anbau der Gedenk- und Bildungsstätte Andreasstraße in der Andreasstraße 37a.

Sechs Figuren zieren die Fassade der Sparkasse. Tugendreich sind sie allesamt nicht.

48

Sparkassenfiguren

Skulpturen als mahnender Zeigefinger

Unbeobachtet Geld abheben? In Erfurt geht das gar nicht! Zumindest nicht in der Sparkassenfiliale am Fischmarkt, die sich unmittelbar neben dem Rathaus befindet und durch einen Erweiterungsbau sogar mit selbigem verbunden ist. Dort sitzen nämlich an der Fassade unter der vorkragenden Giebelwand sechs Steinfiguren, die ihr Gesicht allesamt nach unten gerichtet haben – dorthin also, wo die Bankbesucher ein und aus gehen. Die Erfurterin Alice Frontzek hat sich die Figuren mal genauer angesehen – nicht, als sie unbeobachtet Geld abheben wollte, sondern als sie auf der Suche nach rätselhaften oder spannenden Relikten in der Stadt spazieren ging, wie sie das so gern und so oft tut. Da sind ihr die Figuren aufgefallen, und sie hat festgestellt, dass sie lauter Sünden darstellen: Der Mann ganz links lässt es sich sehr gut schmecken, sprich, er betreibt Völlerei. Die Frau neben ihm blickt verzückt in einen Handspiegel auf ihrem Schoß, das ist die Eitelkeit. Es folgt ein Däumchendreher für die Faulheit und ein Mann mit leerem Gesichtsausdruck für die Dummheit. Der nächste in der Reihe starrt den neben ihm Sitzenden an – darstellen soll er den Neid. Ebenjener neben ihm Sitzende hält die Gegenstände auf seinem Schoß krampfhaft umklammert – der personifizierte Geiz.

Alice Frontzek begann zu recherchieren und fand heraus, dass es sich bei den sechs Figuren im Grunde um moralische Zeigefinger handelt – und um eine in Stein gehauene Werbung für die Sparkasse. Das wird aber erst dann deutlich, wenn man noch das Relief auf der Hauswand betrachtet, dass sich rechts unterhalb der Figuren befindet: eine Familie, bestehend aus Mutter, Vater, Baby und Kind. „Damit ergibt sich dann folgende Aussage“, deutet die Gästeführerin: „Wenn du Geld hast, gib es nicht aus für zu viel Essen, nicht für Luxus und Schönheit, sei nicht faul, geh nicht dumm damit um, sei nicht neidisch und nicht geizig, sondern investiere in die Zukunft und deine Familie. Bring dein Geld zum Sparen in die Sparkasse.“

Alice Frontzek ist zwar eigentlich nicht eitel, aber einen Taschenspiegel hat sie trotzdem dabei – wie die Steinerne über ihrem Kopf.

Das Relief soll nicht zuletzt ein Appell an das soziale Miteinander sein – zumal sich hier früher ein Schriftzug befand, auf dem stand: „Gemeinnutz geht vor Eigennutz“.

Vor dem Zweiten Weltkrieg, in dem das Gebäude im April 1945 durch Artilleriebeschuss der Amerikaner zerstört wurde, gab es für den kunstinteressierten Betrachter sogar noch mehr zu sehen: von Carl Heines geschaffene Farbglasfenster, die neun Meter hoch waren und heimische Handwerker bei der Arbeit zeigten. Ohnehin spielte die Regionalität im ganzen Gebäude eine große Rolle: Das Haus wurde von Frühjahr 1934 bis Oktober 1935 als Nachfolgebau des Kreisgerichtsgebäudes im Stil der Neuen Sachlichkeit errichtet. Der Entwurf stammte vom Städtischen Oberverwaltungsrat Johannes Klass (1879-1936), federführende Architekten waren Gustav Schweizer und Karl Heinrich Müller. Sie hatten die Aufsicht über rund 130 Handwerker, die allesamt aus der Region stammten und heimische Baumaterialien verarbeiteten. „Darauf, die Region zu stärken, wurde beim Bau ganz großer Wert gelegt", sagt Alice Frontzek.

„Wenn du Geld hast, gib es nicht aus für zu viel Essen, nicht für Luxus und Schönheit, sei nicht faul, geh nicht dumm damit um, sei nicht neidisch und nicht geizig, sondern investiere in die Zukunft und deine Familie."

Vor diesem Hintergrund beinhalten die sechs Figuren noch einen Appell, der sich an alle richtet, die draußen vorbeiflanieren oder hier hineingehen: Lasst eure Kaufkraft in der Region. Unterstützt die Einzelhändler in eurer Stadt, so, wie das schon die Bauherren in den 1930er-Jahren getan haben, als sie heimische Firmen mit dieser großen und wichtigen Aufgabe betrauten.

Eva-Maria Bast

So geht's zu den Sparkassenfiguren:

Die Sparkasse steht am Fischmarkt, direkt rechts neben dem Rathaus.

Außenkanzel

Messe unter freiem Himmel

Das wollte er schon immer einmal tun: Mit großer Geste steht Tim Erthel auf dem steinernen Vorsprung, der aus der Fassade der Augustinerkirche ragt. Der Kunsthistoriker ahmt nach, wie es wohl gewesen sein könnte, als geistlicher Würdenträger von dort oben zu predigen. Dazu fehlt ihm an diesem Tag allerdings das entsprechende Publikum. Und auch sonst hat sich im Laufe der Jahrhunderte einiges an der Außenkanzel verändert.

„Das Reizvolle daran ist: Man erkennt sie gar nicht sofort, denn es ist nur noch das kleine Podest erhalten", kommentiert Erthel. Im Gegensatz zu dem Stadtkenner benötigten die Kirchenmänner einst keine akrobatischen Fähigkeiten, um hinaufzugelangen, sondern konnten die Kanzel bequem über eine Treppe erklimmen. Doch von der fehlt heute jede Spur. „Die Stufen wurden mit der Zeit abgeschlagen", erzählt der Kunsthistoriker. „Es gibt dazu die schöne Geschichte, dass hier Bewunderer Martin Luthers immer wieder ein paar kleine Steinpartikel abgemeißelt haben und die Treppe dadurch nach und nach verschwand."

Martin Luther (1483-1546) war 1505 als Mönch in das Augustinerkloster eingetreten. Kurz nach seiner Priesterweihe Anfang April 1507 hielt er in der Augustinerkirche seine erste Messe, die sogenannte Primiz. Während eines Zwischenaufenthalts auf dem Weg nach Worms sollte der Reformator 1521 dem Kloster erneut einen Besuch abstatten und predigte in einer völlig überfüllten Kirche gegen das Papsttum. Womöglich rührt daher die Bezeichnung Luther-Kanzel, wie das steinerne Podest auch genannt werde, so Erthel.

Genau für Szenarien dieser Art waren Außenkanzeln eigentlich gedacht: Wenn sich ein berühmter Prediger angekündigt hatte, waren die Gotteshäuser oft so voll, dass der Platz im Innenraum

Wer braucht schon Stufen? Tim Erthel hat es auch so auf die Außenkanzel geschafft.

nicht ausreichte und die Predigt nach draußen verlegt wurde. „Außenkanzeln gibt es allerdings nicht ganz so häufig“, weiß der Stadtkenner. Auch der Zugang über eine Außentreppe ist selten, in der Regel betraten die Würdenträger sie durch eine Tür im Kircheninneren. Entstanden sind die Freiluftkanzeln frühestens im 12. bis 13. Jahrhundert in Italien. Dem *Reallexikon zur Deutschen Kunstgeschichte* zufolge waren sie an Kirchengebäuden vornehmlich gedacht für „die Benediktion (Segensspendung), die Heiltumsweisung (Vorzeigen von Reliquien), die Predigt, insbesondere an Wallfahrtsorten, oder bei Predigten berühmter Wanderprediger, bei besonderen Anlässen (Kreuzpredigt, Ablaßpredigt), die Totenpredigt.“

„Man erkennt sie gar nicht sofort, denn es ist nur noch das kleine Podest erhalten.“

Ob Luther selbst einst von der Außenkanzel der Augustinerkirche herabschaute, lässt sich nicht mehr nachweisen. Aber zumindest Tim Erthel kann nun, nachdem er einmal oben stand, einen Punkt auf seiner To-do-Liste streichen.

Elena de F. Oliveira

So geht’s zur Außenkanzel:

Sie befindet sich an der Nordseite der Augustinerkirche in der Augustinerstraße 10.

Marlies Möller kann die verschiedenen Namen des Standbildes erklären.

50

Römer

Eine Figur, drei Namen und ihre Geschichte

Martin, Roland oder Römer. Ganz schön viele Namen für eine Figur. Welcher mag der richtige sein? Oder stimmen gar alle drei? Vielleicht jeder ein bisschen? Stadtführerin Marlies Möller kann aufklären: „Die Stadt Erfurt gehörte viele Jahrhunderte zum Erzbistum Mainz“, erklärt sie. „Rund Tausend Jahre lang kann man eine Verbindung zwischen den beiden Städten ausmachen. Der heilige Martin ist der Schutzpatron der Stadt Mainz, und hier auf dem Fischmarkt hat, quasi als Symbol der Mainzer Vorherrschaft, lange eine Martinsfigur gestanden.“ Diese Figur war jedoch während des Bauernkriegs (1524-1525) von ihrem Sockel gestoßen worden.

Im 16. Jahrhundert war Erfurt eine starke, wirtschaftlich prosperierende Stadt. „Formal gehörte sie weiterhin zum Erzbistum Mainz, aber die Erfurter Bürgerschaft war aus gutem Grund ziemlich selbstbewusst“, erzählt die Stadtführerin. Der Waidhandel hatte Erfurt reich gemacht, die Lage an der berühmten quer durch Europa führenden Handelsstraße Via Regia und das im Jahr 805 an Erfurt verliehene Stapelrecht taten ihr Übriges. „Reisende Händler mussten ihre Waren in Erfurt zum Verkauf anbieten und Verkaufssteuern zahlen, bevor sie weiterreisten. Das brachte viel Geld in die Kassen.“

Mainz jedoch wollte sein Martinsstandbild in Erfurt wiederhaben, und schließlich kamen die Stadtväter diesem Ansinnen nach. 1591 wurde der Niederländer Israel von der Milla (1568-1603) mit dem Kunstwerk beauftragt und schuf eine bewaffnete, kriegerisch wirkende Figur – den „Römer“, wie ihn die Erfurter fortan nannten und damit wieder einmal bewiesen, was sie von den Auflagen der Mainzer hielten. Gut möglich, dass Mainz mit der Erfurter Auslegung des Martin nicht ganz einverstanden war, aber in Folgezeiten hatten Stadt und Land ganz andere Sorgen. Der Dreißigjährige Krieg (1618-1648) zermahlte das Land und brachte allerorten Elend und wirtschaftlichen Niedergang mit sich.

Der Römer – Symbol einer stolzen Stadt.

„Mit Erfurts Autonomie war es infolge des Krieges vorbei“, erzählt Marlies Möller. „Im Jahr 1664 holte sich Mainz die Stadt zurück und Erfurt wurde eine kurmainzische Provinzstadt. Die Ratsherren mussten in einem symbolträchtigen Akt dem Erzbischof und Kurfürsten von Mainz, Johann Philipp von Schönborn (1605-1673), den Stadtschlüssel

übergeben." Die Römerfigur sah den Wandel der Zeiten stoisch mit an.
„Aber man muss bedenken, dass Erfurt auch von den Mainzern profitiert hat", sagt Möller und führt aus. „Erfurt ist nie eine freie Reichsstadt gewesen, aber sie war dennoch eine wichtige Stadt neben Mainz, wenn nicht sogar die wichtigste. Nach der Übergabe an Mainz wurde in der Stadt unglaublich viel gebaut. Berühmtestes Beispiel ist die Zitadelle Petersberg."

Doch warum nennen die Erfurter die Figur auf dem Fischmarkt Roland? „Der Roland war im Mittelalter das Symbol für eine eigenständige Stadt", erklärt Möller. „Formal ist Erfurt das nicht gewesen, aber es wurde anders empfunden. Erfurt hat sich im Verlauf der Zeit immer wieder als freie, stolze Stadt wahrgenommen, und mit der Benennung der Figur als Römer oder Roland hat die Bürgerschaft ihr Selbstbewusstsein ausgedrückt."

Doch kehren wir noch einmal zum Namen Martin zurück: „Jedes Jahr am 10. November wird hier in Erfurt Martini gefeiert", erzählt Möller. „Tausende Erfurter treffen sich bei Einbruch der Dunkelheit auf dem Domplatz. Die Kinder tragen Laternen, es ist eine wunderbare festliche Stimmung. Ein richtig großes Ereignis." Man feiert hier nicht nur den heiligen Martin, sondern ebenso Martin Luther (1483-1546), der am 10. November Geburtstag hat. Auf dem Domplatz gibt es einen großen ökumenischen Gottesdienst.

Seit 1988 sind Erfurt und Mainz übrigens Partnerstädte. Der Austausch zwischen den beiden ist rege. Und freiwillig. Von Martin zum Römer zum Roland und wieder zum Martin – wie die Statue nun auch heißen mag, am Ende ist und bleibt sie das Sinnbild einer stolzen Stadt.

Kerstin Hohlfeld

So geht's zum Römer:

Die Figur des Römer befindet sich auf dem Fischmarkt.

Quellen, Literatur, Bildnachweis

Assel, Jutta; Jäger, Georg: „Graf von Gleichen und seine Doppelehe". URL: http://www.goethezeitportal.de/index.php?id=6355. Abgerufen am 14.05.2018.

Bach de: „Leben und Familie". URL: http://www.bach.de/leben/familie.html, und http://www.bach.de/leben/chronik.html. Abgerufen am 14.02.2018.

Bauer, Frank: „Kurzer historischer Überblick". URL: http://www.erfurter-fuerstenkongress-1808.de/historie.htm. Abgerufen am 06.06.2018.

Bechstein, Ludwig: Deutsche Märchen und Sagen. Berechtigte Ausgabe für den Buchclub 65. Berlin 1978, S. 439 f.

Blaudruck-Erfurt.de: „Der Blaudruck". URL: http://www.blaudruck-erfurt.de/index.php/der-blaudruck. Abgerufen am 13.03.2018.

Bohr, Felix: „Luthers Studentenleben. „Lasst uns dem Manne das Tier austreiben"". URL: http://www.spiegel.de/spiegel/unispiegel/martin-luther-als-student-strenge-regeln-wilde-rituale-a-1135634.html. Abgerufen am 15.05.2018.

Brodersen, Kai: „Zur Geschichte der Universität Erfurt". URL: https://www.uni-erfurt.de/uni/portraet/geschichte/. Abgerufen am 07.05.2018.

Bundesstiftung zur Aufarbeitung der SED-Diktatur: „Biographische Datenbanken: Schäfer, Paul". URL: https://www.bundesstiftung-aufarbeitung.de/wer-war-wer-in-der-ddr-%2363;-1424.html?ID=5052. Abgerufen am 05.06.2018.

Citysam.de: „Medizinische Akademie Erfurt". URL: http://www.erfurt.citysam.de/medizinische-akademie-erfurt.htm. Abgerufen am 9.2. 2018.

Domkapitel Erfurt: „Zur Geschichte des Erfurter Doms". URL: http://www.dom-erfurt.de/index.php?article_id=20. Abgerufen am 08.05.2018.

Erfurt.de: „1806-1814. Erfurt unter französischer Besatzung". URL: http://www.erfurt.de/ef/de/erleben/entdecken/geschichte/chronik/111885.html. Abgerufen am 13.02.2018.

Erfurt.de: „1315-1472. Auf dem Höhepunkt der Machtentfaltung". URL: http://www.erfurt.de/ef/de/erleben/entdecken/geschichte/chronik/111879.html. Abgerufen am 28.02.2018.

Erfurt.de: „Jüdische Gemeinden. Die erste, zweite, dritte und vierte jüdische Gemeinde in Erfurt". URL: http://www.erfurt.de/ef/de/leben/gemeinden/juedisch/index.html. Abgerufen am 25.05.2018.

Erfurt.de: „Geschichte: Chronik". URL: http://www.erfurt.de/ef/de/erleben/entdecken/geschichte/chronik/index.html. Abgerufen am 17.05.2018.

Erfurt-Tourismus.de: „Dom St. Marien". URL: https://www.erfurt-tourismus.de/sehens-wissenswertes/sehenswertes/dom-st-marien/. Abgerufen am 19.02.2018.

Erfurt-web.de: „Geschichte der Georgenburse". URL: http://www.erfurt-web.de/Georgenburse_Geschichte. Abgerufen am 04.03.2018.

Erfurt-web.de: „Kanonenkugel von 1813". URL: http://www.erfurt-web.de/Kanonenkugel_1813_Andreasstra%C3%9Fe_31. Abgerufen am 13.02.2018.

Erthel, Tim: „Historische Sonnenuhren in der Erfurter Altstadt. Eine Bestandsaufnahme". In: Mitteilungen des Vereins für die Geschichte und Altertumskunde von Erfurt. 72. Heft, Neue Folge, Heft 19. Erfurt 2011, S. 41-71.

Freunde der Citadelle Petersberg zu Erfurt e.V.: „Turm der Corpus-Christi-Kapelle von St. Peter". URL: http://www.petersberggeschichte.info/kloster-petersberg/104-turm-der-corpus-christi-kapelle.html. Abgerufen am 20.02.2018.

Freunde der Citadelle Petersberg zu Erfurt e.V.: „Plan Petersberg". URL: http://www.petersberggeschichte.info/wege-plan.html. Abgerufen am 20.02.2018.

Geo.viaregia.org: „Über den Waid, was er ist und seine Verarbeitung". URL: https://geo.viaregia.org/testbed/Material.Datenbank/Geschichte/Einzelereignisse.Geschichten.Personen/Erfurt/Waidanbau.html. Abgerufen am 06.03.2018.

Geo.viaregia.org: „VIA REGIA, Wegführung in Erfurt". URL: http://geo.viaregia.org/testbed/index.pl?rm=obj&objid=2472. Abgerufen am 23.02.2018.

Heimatverein Hochstedt e.V.: „Waid (isatis tinctoria)". URL: http://www.waidmuseum.de/index.php/waid-isatis-tinctoria. Abgerufen am 28.02.2018.

Herz, Gerhard: „Geschichtliche Sachzeugen: Die Blutrinne auf dem Domberg". In: Stadt und Geschichte e.V. (Hrsg.): Stadt und Geschichte. Zeitschrift für Erfurt, Nr. 56, 01/14, S. 36.

Höfer, Conrad: „Die Gestaltung der Sage vom Grafen von Gleichen in der deutschen Dichtung". In: Mitteilungen des Vereins für Geschichte und Altertumskunde von Erfurt. Fünfzigstes Heft: Die Burg Gleichen und ihre Bewohner in Geschichte und Sage. Erfurt 1935, S. 151-186.

Huber-Kemmesies, Anette: „Erfurter Enchiridion". URL: http://www.erfurt-lese.de/index.php?article_id=221. Abgerufen am 30.04.2018.

Johannis-Freimaurerloge Alpha Ori Nr. 997, Erfurt e. V.: „Erfurter Logengeschichte. Geschichte der Freimaurerei in Erfurt". URL: https://www.alpha-ori.de/loge/erfurter-logengeschichte/. Abgerufen am 17.05.2018.

Juedisches-leben.erfurt.de: „Jüdische Gemeinde im Mittelalter“. URL: http://juedisches-leben.erfurt.de/jl/de/mittelalter/jgemeinde/index.html. Abgerufen am 25.05.2018.

Juedisches-leben.erfurt.de: „Die Baugeschichte der Alten Synagoge“. URL: http://juedisches-leben.erfurt.de/jl/de/mittelalter/alte_synagoge/geschichte/index.html. Abgerufen am 25.05.2018.

Katholisches Pfarramt Dom St. Marien: „St. Severi“. URL: http://www.severi-erfurt.de/index.php?article_id=25. Abgerufen am 08.05.2018.

Katholisches Pfarramt Dom St. Marien: „Dom St. Marien“. URL: http://www.severi-erfurt.de/index.php?article_id=23. Abgerufen am 08.05.2018.

Kellerhoff, Sven Felix: „Geheimakten belegen, wie Juri Gagarin wirklich starb“. URL: https://www.welt.de/wissenschaft/weltraum/article13115827/Geheimakten-belegen-wie-Juri-Gagarin-wirklich-starb.html. Abgerufen am 31.01.18.

Kittel, Hans-Joachim: Die Evangelische Predigerschule der Kirchenprovinz Sachsen – eine Dokumentation. Erfurt 1995.

Kummer, Birgit: Großer Auftritt für Erfurts „Handbüchlein“. URL: http://erfurt.thueringer-allgemeine.de/web/erfurt/startseite/detail/-/specific/Grosser-Auftritt-fuer-Erfurts-Handbuechlein-1852287905. Abgerufen am 30.04.2018.

Kung, Armin: „Jenseits der Verschwörung. Freimaurer in Erfurt“. URL: http://localtimes-erfurt.de/jenseits-der-verschwoerung/. Abgerufen am 17.05.2018.

Lepsius, Bernhard: „Trommsdorf, Johann Bartholomäus“. In: Allgemeine Deutsche Biographie 38 (1894), S. 641-644. URL: https://www.deutsche-biographie.de/sfz69072.html. Abgerufen am 18.05.2018.

Mail-Brandt, Maria: Sub Rosa – unter der Rose gesagt. Das Geheimnis der Rose. URL: http://www.welt-der-rosen.de/rosenwelt/sub-rosa.htm. Abgerufen am 07.05.2018.

Mainz.de: „Das Mainzer Stadtwappen“. URL: https://www.mainz.de/kultur-und-wissenschaft/stadtgeschichte/stadtwappen.php. Abgerufen am 03.05.2018.

Maser, Peter; Veen, Hans-Joachim; Voit, Jochen (Hrsg.): Haft, Diktatur, Revolution: Thüringen 1949-1989. Das Buch zur Gedenk- und Bildungsstätte Andreasstraße Erfurt. Weimar/Erfurt 2015.

MDR.de: „Religion und Staat. Die Kirchen in der DDR“. URL: https://www.mdr.de/damals/archiv/artikel90062.html. Abgerufen am 27.02.2018.

MDR.de: „Der Juri-Gagarin-Ring in Erfurt“. URL: https://www.mdr.de/zeitreise-regio/staedte/erfurt/zeitreise-erfurt-juri-gagarin-denkmal100.html. Abgerufen am 31.01.18.

MDR.de: „Die Völkerschlacht bei Leipzig“. URL: https://www.mdr.de/voelkerschlacht/hintergruende/voelkerschlacht-bei-leipzig-verlauf100.html. Abgerufen am 13.02.2018.

MDR.de: „Ehe zu dritt – Die Frauen des Grafen von Gleichen“. URL: https://www.mdr.de/zeitreise/weitere-epochen/neuzeit/artikel124882.html. Abgerufen am 14.05.2018.

MDR.de: „Willy Brandt in Erfurt, Der Erfurter Hof“. URL: https://www.mdr.de/zeitreise-regio/staedte/erfurt/zeitreise-erfurt-erfurter-hof100.html. Abgerufen am 29.01.2018.

Molitor, Andreas: Martin Luther. Ein Mönch sucht sein Seelenheil. ZEIT Geschichte Nr. 5/2016, 22. November 2016. URL: https://www.zeit.de/zeit-geschichte/2016/05/martin-luther-protestantismus-thesen. Abgerufen am 15.05.2018.

Monumente. Magazin für Denkmalkultur in Deutschland: „Die Krämerbrücke in Erfurt“. URL: https://www.monumente-online.de/de/ausgaben/2007/1/thueringens-ponte-vecchio.php#.Wo1AmLzibDc. Abgerufen am 21.02.2018.

Nagel, Wolfram: „Martin Luther in Erfurt. Historische Spuren des Reformators“. URL: http://www.deutschlandfunk.de/martin-luther-in-erfurt-historische-spuren-des-reformators.886.de.html?dram:article_id=285292. Abgerufen am 15.05.2018.

Neue Züricher Zeitung: „Ein blutiger Auftakt zum 20. Jahrhundert“, 1.6.2002. URL: https://www.nzz.ch/article84QFK-1.397748. Abgerufen am 30.01.2018.

Paasch, Manfred: Literarische Spaziergänge durch Erfurt. Erfurt 2011, S. 28.

Peters-Reimann, Antje: „Herr des Saatguts und Fleurops Vater“. URL: http://gruenwort.de/garten/gaertnerdynastien/fleurops-vater/. Abgerufen am 14.05.2018.

Pfarrgemeinde St. Nikolaus: „Die Chronik von Dittelstedt“. URL: http://www.melchendorf.de/index.php/ct-menu-item-2/dittelstedt. Abgerufen am 26.02.2018.

Planet Wissen: Der Glockenguss der „Gloriosa“. URL: https://www.planet-wissen.de/kultur/architektur/glocken/pwiederglockengussdergloriosa100.html. Abgerufen am 19.02.2018.

Predigerschulgemeinschaft Erfurt-Wittenberg e.V. (Hrsg.): Festschrift zum 60. Jahrestag der Gründung der Predigerschule Wittenberg-Erfurt. Erfurt 2008.

Predigerschulgemeinschaft Wittenberg-Erfurt e.V.: URL: https://www.predigerschule-erfurt.de/. Abgerufen am 27.02.2018.

Raßloff, Steffen: „Collegium maius“. URL: http://erfurt-web.de/Collegium_maius_Erfurt. Abgerufen am 07.05.2018.

Ders.: „Historisches Stadtwappen am Rathaus". URL: http://erfurt-web.de/Stadtwappen_Rathaus_Erfurt. Abgerufen am 03.05.2018.

Ders.: „Historische Verbindungen Erfurt-Mainz". URL: http://erfurt-web.de/Historische_Verbindungen_Erfurt-Mainz. Abgerufen am 03.05.2018.

Ders. (Hrsg.): „Willy Brandt ans Fenster!" Das Erfurter Gipfeltreffen 1970 und die Geschichte des „Erfurter Hofes". Jena 2007.

Ders.: „Karl Theodor von Dalberg – Erfurts „Lichtbringer"". URL: http://www.erfurt-web.de/Domstufen_Dalberg. Abgerufen am 17.05.2018.

Ders.: „Erfurter Platz- und Straßennamen". URL: http://www.erfurt-web.de/Straßen-Geschichte. Abgerufen am 30.04.2018.

Ders.: „Gartenbauunternehmen N.L. Chrestensen". URL: http://erfurt-web.de/Gartenbauunternehmen_N.L._Chrestensen. Abgerufen am 14.05.2018.

Ders.: „Krämerbrücke". URL: http://erfurt-web.de/Krämerbrücke. Abgerufen am 23.05.2018.
Raßloff, Steffen: „Die Sage vom Grafen von Gleichen". URL: http://www.erfurt-web.de/Graf_von_Gleichen_Sage. Abgerufen am 14.05.2018.

Ders.: „Medaillon in Erfurt ehrt Johann Bartholomäus Trommsdorff". URL: http://erfurt.thueringer-allgemeine.de/web/erfurt/startseite/detail/-/specific/Medaillon-in-Erfurt-ehrt-Johann-Bartholomaeus-Trommsdorff-624560438. Abgerufen am 18.05.2018.

Ders.: „Johann Bartholomäus Trommsdorff". URL: http://erfurt-web.de/Trommsdorff_Denkmal_Erfurt. Abgerufen am 18.05.2018.

Ders.: „Johann Wolfgang von Goethe". URL: http://erfurt-web.de/Johann_Wolfgang_von_Goethe. Abgerufen am 16.05.2018.

Ders.: „Der Erfurter Fürstenkongress 1808". URL: http://www.erfurt-web.de/Erfurter_Fürstenkongress_1808. Abgerufen am 16.05.2018.

Ders.: Wilhelm Knappe (1855-1910). Staatsmann und Völkerkundler im Blickpunkt deutscher Weltpolitik. Jena 2005.

Ders.: Geschichte der Stadt Erfurt. Erfurt 2012 (4. Auflage 2016).

Ders.: 100 Denkmale in Erfurt. Thüringen Bibliothek, Band 11. Essen 2013, S. 70, 76.

Ders.: „Historische Verbindungen Erfurt Mainz". URL: http://www.erfurt-web.de/Historische_Verbindungen_Erfurt-Mainz. Abgerufen am 18.02.2018.

Romstedt, Tina: „Lutherdenkmal". URL: http://www.erfurt-lese.de/index.php?article_id=194. Abgerufen am 15.05.2018.

Dies.: „Johann Bartholomäus Trommsdorff (1770–1837)". URL: http://www.erfurt-lese.de/index.php?article_id=174. Abgerufen am 18.05.2018.

Saitz, Hermann H.: „Geschichte der Michaeliskirche". URL: http://www.freundeskreis-michaelis.de/geschichte-michaeliskirche/. Abgerufen am 20.04.2018.

Schalt, Wilhelm: „Chrestensen, Niels Lund". In: Neue Deutsche Biographie 3 (1957), S. 215. URL: https://www.deutsche-biographie.de/gnd13784932X.html#ndbcontent. Abgerufen am 14.05.2018.

Scheibe, Michaela: „Acht Lieder – die Geburt des evangelischen Kirchengesangbuchs". URL: http://blog.sbb.berlin/acht-lieder-die-geburt-des-evangelischen-kirchengesangbuchs/. Abgerufen am 30.04.2018.

Schmidt-Knaebel, Susanne: Ludwig Bechstein. Prosasagen außerhalb der großen Anthologien (1826-1859). Frankfurt am Main 2008, S. 53 f.

Schoenberger, Guido: „Außenkanzel". In: Reallexikon zur Deutschen Kunstgeschichte I. Stuttgart 1937, S. 1293-1306. URL: http://www.rdklabor.de/wiki/Außenkanzel. Abgerufen am 23.05.2018.

Schöneburg, Gerd (Hrsg.): Erfurt – Führer durch die historische Altstadt, Erfurt. 3. Auflage. Erfurt 2001, S. 54.
Severi-Erfurt.de: „Die Gloriosa im Erfurter Dom St. Marien". URL: http://www.severi-erfurt.de/index.php?article_id=47. Abgerufen am 19.02.2018.

Speit, Sina; Voit, Jochen: „Willkommen im Designer-Knast!" Die Gedenk- und Bildungsstätte Andreasstraße in Erfurt als Erinnerungsort neuer Prägung. URL: https://zeitgeschichte-online.de/interview/willkommen-im-designer-knast. Abgerufen am 30.05.2018.

Steffel, Georg: „Die rätselhaften Rillen". In: Historischer Verein für Oberfranken (Hrsg.): Archiv für Geschichte von Oberfranken. Band 86. Bayreuth 2006, S. 255 ff.

St. Stephan virtuell: „Was sind Stifte?" URL: https://www.st-stephan-virtuell.de/stift-und-pfarrei/was-sind-stifte.html. Abgerufen am 26.02.2018.

Thueringen.info: „Petersberg, Peterskloster und Peterskirche". URL: https://www.thueringen.info/erfurt-petersberg.html. Abgerufen am 20.02.2018.

Thüringische Landeszeitung: Grobe, Karsten: „Erfurter Bastion fiel für den Straßenbau". 12.02.2015, URL: http://erfurt.tlz.de/web/erfurt/startseite/detail/-/specific/Erfurter-Bastion-fiel-fuer-den-Strassenbau-991643712. Abgerufen am 26.02.2018.

Thueringen-entdecken.de: „Kunsthalle Erfurt im Haus zum Roten Ochsen". URL: https://www.thueringen-entdecken.de/urlaub-hotel-reisen/kunsthalle-erfurt-im-haus-zum-roten-ochsen-103815.html. Abgerufen am 21.02.2018.

Thueringer-Naturbrief.de: „Erfurter Mühlengeschichte". URL: http://www.thueringer-naturbrief.de/content/view/46/. Abgerufen am 04.03.2018.

Timpel, Max: „Gassen und Plätze von Alt-Erfurt in Vergangenheit und Gegenwart". In: Mitteilungen des Vereins für die Geschichte und Altertumskunde von Erfurt 45 (1929). S. 5–240.

Universitätsgesellschaft Erfurt e.V.: „Wiederaufbau Collegium maius". URL: http://www.unigesellschaft-erfurt.de/?page_id=1554. Abgerufen am 07.05.2018.

Voigt, Carmen: „Die Reformation und ihre Lieder". URL: https://www.uni-erfurt.de/forschung/einblicke/text-beitraege/die-reformation-und-ihre-lieder/#c83937. Abgerufen am 30.04.2018.

Via-regia.org: „Via Regia – Kulturstraße des Europarates: Reisebericht eines anonymen Kaufmanns". URL: http://www.via-regia.org/via_regia/geschichte/einzelthemen/thueringen/erfurt3.php. Abgerufen am 18.02.2018.

Walter Blaha u.a.: Erfurter Straßennamen in ihrer historischen Entwicklung. Erfurt 1992.

Wiegand, Fritz: Tourist Stadtführer Erfurt, Berlin/Leipzig 1979, S. 106

Wikipedia.de: „Gleichen (Adelsgeschlecht)", URL: https://de.wikipedia.org/wiki/Gleichen_(Adelsgeschlecht). Abgerufen am 23.02.2018.

Wikipedia: „Gerhard von Wou". URL: https://de.wikipedia.org/wiki/Gerhard_van_Wou. Abgerufen am 19.02.2018.

Wikipedia.de: „Juri Alexejewitsch Gagarin". URL: https://de.wikipedia.org/wiki/Juri_Alexejewitsch_Gagarin. Abgerufen am 2.2.2018.

Whoswho.de: „Biografie Juri Gagarin". URL: http://www.whoswho.de/bio/juri-gagarin.html. Abgerufen am 02.02.2018.

Youtube.de: „Einblicke – der große Klang von Erfurt". URL: https://www.youtube.com/watch?time_continue=254&v=9ssM8cMYmbQ. Abgerufen am 19.02.2018.

Zinner, Christine: „Goethes Audienz bei Napoleon". URL: http://www.erfurt-lese.de/index.php?article_id=11187. Abgerufen am 16.05.2018.

Bildnachweis

Cover, S. 10, 29, 32, 35, 45, 71, 74, 76, 98, 100, 106, 108, 113, 120, 121, 142, 144, 152, 167, 181, 182: Angela Stoye

Haftungsausschluss

Trotz intensiven Austauschs mit unseren Gesprächspartnern, gewissenhafter Literaturrecherche und aufmerksamem Korrekturlesen erheben wir weder einen Anspruch auf Vollständigkeit noch auf Fehlerlosigkeit. Wir haben streng darauf geachtet, keine Urheberrechte zu verletzen, unsere Recherchen sind nach bestem Wissen und Gewissen erfolgt. Dennoch übernehmen wir keinerlei Gewähr für die Aktualität, Korrektheit oder Vollständigkeit der bereitgestellten Informationen. Haftungsansprüche gegen uns schließen wir grundsätzlich aus.

1 Mühlstein im Baum
2 Kurvenstein
3 Steinblöcke
4 Faustgässchen
5 Bauinschrift
6 Wegweiser
7 Biereigenlöcher
8 Kapellenumrisse
9 Gedenktafel
10 Straßenbahnrosetten
11 Schriftzug
12 Statuen
13 Grabplatte
14 Zugemauerte Fenster
15 Schild
16 Schriftrolle
17 Sitzsteinportal
18 Juri-Gagarin-Denkmal
19 Ehemalige Predigerschule
20 Steintafel
21 Wetzrillen
22 Wappenrelief
23 Brunnen
24 Trommsdorff-Medaillon
25 Hosenkraatsch
26 Waidmühlrad
27 Freimaurerzeichen
28 Roter Ochse
29 Orgel
30 Bilderfries
31 Stifterfenster
32 Kanonenkugel
33 Linien
34 Grüner Schriftzug
35 Domtreppen
36 Schwarzes Horn
37 Eingeritzte Ziffern
38 Bronzetafel
39 Schwarzes Ross
40 Vereinsschild
41 Burenhaus
42 Nackter Po
43 Konsolsteine
44 Rosen
45 Spendennische
46 Lauentor
47 Parole
48 Sparkassenfiguren
49 Außenkanzel
50 Römer

2
Storchmühlenw.
Magdeburger Allee
Nordstraße
Nettelbeckufer
20
maps4news.com/©HERE
3
Grünewaldstraße
Rubensstraße
40
W.-Busch-Str.
Hirzigenw.
maps4news.com/©HERE
Johannesstraße
Am Johannestor
Liebknechtstraße
Steinpl.
50
Röntgenstraße
F.-Noack-Str.
Krämpferufer
54
Am Hügel
Waldenstr.
Weideng.
Venedig
Breitstrom
Große Ackerhofsg.
Glockengasse
Webergasse
Marbacher G.
Andreasstraße
Weiße G.
Comthurg.
Schildgasse
Kreuzsand
Johannesstraße
Juri-Gagarin-Ring
Lindenw.
Mohr eng.
Futterstr.
Meienbergstr.
Kaufmännerstraße
Pilse
Meyfartstr.
Krämpferstr.
Bechtheimer Str.
Domplatz
Dompl.
Große Arche
Rumpelg.
Junkersand
Stunzeng.
Lange Br.
Paulstr.
Grafengasse
Borng.
Anger
Mühlg.
Regler-mauer
Domstraße
Bergstrom
Fischersand
Walkstrom
Stiftsgasse
Marstallstr.
Barfüßerstr.
Weiterg.
Augustmauer
Schmidtstedter Str.
Bahnhofstr.
Hauptbahnhof Erfurt
Regierungsstraße
Lilienstr.
Neuwerkstraße
Hirschlachufer
Lachsg.
Klostergang
Lutherstraße
Thomasstraße
Dalbergsw.
Löberstraße
Roseng.
Puschkinstraße
Kartäuserstraße
Stadtring
Stadtpark Erfurt
Löberwallgraben
16
W.-Külz-Str.
Luisenpark
100m
1
2
3
5
6
7
9
10
11
12
14
15
16
17
18
19
21
22
23
24
25
26
27
28
29
31
32
33
34
35
36
37
38
39
41
42
43
44
45
47
48
49
50

SIE WOLLEN MEHR ÜBER

WISSEN?

Hier gibt es sachkundige Informationen:

Alte Synagoge Erfurt
Gruppen können die Alte Synagoge und den Erfurter Schatz im Rahmen einer Überblicksführung, Standardführung oder Kombi-Führung Alte Synagoge und Mikwe besichtigen.
Waagegasse 8
99084 Erfurt
Telefon: 0361 / 655-1666
E-Mail: AlteSynagoge@erfurt.de
Homepage: www.juedisches-leben.erfurt.de
Öffnungszeiten: 10-18 Uhr

Erinnerungsort Topf & Söhne
Dauerausstellung „Techniker der ‚Endlösung'. Topf & Söhne – Die Ofenbauer von Auschwitz",
Sonderausstellungen, Veranstaltungen und pädagogische Angebote.
Sorbenweg 7
99099 Erfurt
Telefon: 0361 / 655-1681
E-Mail: topfundsoehne@erfurt.de
Homepage: www.topfundsoehne.de

Alice Frontzek
Übersetzerin, Stadtführerin in Erfurt (Altstadt/Luther/Jüdisches Erbe) und Autorin.
Telefon: 0151 / 43123170
E-Mail: info@cm-publikationen.de

Gedenk- und Bildungsstätte Andreasstraße
Heute lassen sich in der Gedenk- und Bildungsstätte Andreasstraße Thüringens umfassendste Ausstellung zur SED-Diktatur und die original erhaltene Haftetage besichtigen. Eine besondere Attraktion ist der Kubus der Friedlichen Revolution. Trägerin der Gedenkstätte ist die Stiftung Ettersberg.
Andreasstraße 37a
99084 Erfurt
Telefon: 0361 / 219 212-0
E-Mail: andreasstrasse@stiftung-ettersberg.de
Homepage: www.stiftung-ettersberg.de/andreasstrasse
Öffnungszeiten: Dienstag und Donnerstag 12-20 Uhr
Freitag, Samstag, Sonntag und an Feiertagen 10-18 Uhr

Doreen Jedersberger
Kinder in Erfurt – Das Familienmagazin im Web für Erfurt.
Homepage: www.kinderinerfurt.de

Hans-Jürgen Nehls
Stadt- und Touristenführer
Telefon: 0176 57696923
E-Mail: buch.nehls@web.de
Homepage: http://www.stadtfuerhrungerfurt.de

Inge und Reinhard Nymbach
Stadt- und Petersbergführungen, mit und ohne Kostüm, natürlich auf Deutsch, aber auch Englisch und Russisch zu vielen Themen. „Wir lieben unsere Stadt – und Sie werden es auch!"
Bodenfeldallee 97
99092 Erfurt
Telefon: 0176 / 96 90 56 46,
0177 / 7916540, 0361 / 7 46 57 35
E-Mail: service@tourismus-erfurt.de
Homepage: www.tourismus-erfurt.de

Birgitt Röder
Ich lade Sie zu einem Spaziergang durch das wunderschöne Erfurt ein, bei dem wir nach dem Motto „von allem etwas" eine Reise durch mehr als 12 Jahrhunderte lebendige Geschichte unternehmen.
E-Mail: BrigittRoeder@aol.com

Reinhard Schwalbe
Auf seinen kulinarischen Stadtführungen schlüpft Reinhard Schwalbe in die Rolle verschiedener Erfurter Originale, wie die des Brückenkrämers, des Bierfiedlers oder des ewigen Studenten Renatus.
Thomas-Müntzer-Straße 6
99084 Erfurt
Telefon: 0177 / 3207885
E-Mail: reinhard.schwalbe@gmx.de

Annette Seibt
Die Theaterstücke "Die Legende vom Brautbett" und "Gloriosa"
können in der Erfurt Tourismus und Marketing GmbH gebucht und Termine dazu erfragt werden.
Benediktplatz 1
99084 Erfurt
Telefon: 0361 / 6640120
E-Mail: Citytour@erfurt-tourismus.de
Homepage: www.frau-seibt.de

Ulrich Seidel
Carillonkonzerte im Bartholomäusturm an jedem letzten Samstag im Monat (von März bis Oktober) um 16 Uhr
www.bartholomaeusturm.de
www.stadtmuseum-erfurt.de

Publikationen:

Frontzek, Alice: Geflügelte Worte in Erfurt. Erfurt 2013.

Dies.: Erfurt – Das Thüringische Rom. Erfurt 2011.

Dies.: Mit der Erfurter Puffbohne auf Entdeckertour. Erfurt 2012.

Dies.: Martin Luther und wie in Erfurt alles begann. Erfurt 2017.

Dies.: Blaues Gold. Erfurt 2016.

Dies.: Das Geheimnis des Eremiten. Kirchheim 2017.

Dies.: Der Bierrufer. Kirchheim 2017.

Raßloff, Steffen: Geschichte der Stadt Erfurt. Erfurt 2012 (4. Auflage 2016).

Ders.: Kleine Geschichte der Stadt Erfurt. Ilmenau 2016.

Stürzebecher, Maria: Erfurter Schatz (Herausgeber: Landeshauptstadt Erfurt, Stadtverwaltung). Jena-Quedlinburg 2009.

DIE

Geheimnisse der Heimat

GIBT ES JETZT NEU IN ...

- Weimar
- Ingolstadt
- Erfurt
- Gelsenkirchen
- Bochum
- Leipzig
- Saarbrücken
- Bamberg (Band 2)
- Würzburg (Band 2)
- Düsseldorf
- Nürnberg
- Velbert

Seit 2011 haben wir 53 „Geheimnisse“-Titel produziert. Alle Städte finden Sie unter www.bast-medien.de

im Buchhandel oder unter: www.bast-medien.d

DIE REIHE

Was die Stadt prägte

(EHEMALS KALENDERBLÄTTER) GIBT ES IN ...

- Bamberg
- Konstanz
- München
- Würzburg

52 große und kleine Begegnungen mit der Stadtgeschichte, passend zu den Kalenderwochen

weitere Geheimnisse und neue Buchreihen sind in Produktic

DIE

Geheimnisse

GIBT ES AUCH ÜBER ...

- Erfindungen
- Redewendungen

50 spannende Geschichten zu überregionalen Themen